KB147812

How to Win
마이 비즈니스
MY BUSINESS

How to Win
마이 비즈니스
MY BUSINESS

비즈니스 생산성 향상하기

김동환 지음

BOOKQUAKE

이 책이 꼭 필요한 사람들은 누구?

원고는 다 마무리되었는데, 이 원고가 책이 되었을 때 어떤 사람들에게 꼭 필요한 책이 될지, 그 독자층을 명확하게 특정하기가 어려웠다.

고민이 깊어지는 가운데, 메일을 한 통 받았다. 대학을 졸업하고 취업을 준비하는 MZ세대인 독자가 보낸 메일이었다. 인생에서 중요하지 않은 순간은 없다고 생각해 왔는데, 저자의 이전에 출간된 책을 통해 그런 자신의 생각이 옳았다고 확신하게 되었다고 하였다. 또, 훗날 취업을 하여 직장에서 지혜를 발휘해야 할 순간에, 그 책이 큰 도움이 될 것 같다고 하였다. 평소 자기계발은 삶을 총체적으로 다루어야 한다는 생각을 가지고 있었는데, 그런 측면을 알아주니 고마울 따름이었다.

며칠이 지나고 나서 서점에 들르게 되었다. 새로 낼 책의 독자층에 대해 고민하던 가운데, MZ세대에 대한 관심이 생겼고, 그들의 고민에 대해 좀 더 알고 싶어졌기 때문이었다.

책을 읽으면서 한 가지 공감한 바는, MZ세대들이 추구하는 바는 공정한 경쟁이라는 것이었다. 개인적으로도 공정한 경쟁이 개인의 능력을 최대한으로 끌어낼 수 있다고 생각하고 있다. 아쉽게도, 현실에서의 경쟁은 공정하지 않은 경우가 많다. 필자도 회사를 다니는 동안 공정하지 않은 일들을 꽤 여러 번 겪었었다. 업무에 관한 아주 작은 노하우도 숨기고, 알려주지 않으려는 사람들이 있었기 때문이다.

나 자신이 그런 사회생활을 해서 그런지, MZ세대들이 조금이라도 공정한 사회생활을 하는 데 도움이 되는 도구를 알려주고 싶은 마음이 들었다. 그리고 내 세대(X세대)가 하지 못했던, 보다 큰일도 해 주었으면 하는 바람도 가지게 되었다.

나의 세대는 소위 '어떻게 먹고 살 것인가?'에 집중하며 살아왔다. 그래서 이미 세상에 나와 있는 가치들을 조금 변경하거나 뭔가를 추가해서 가치를 재생산하는 방식으로 일을 했다. 그러나 지금 우리 사회는 '이전의 것을 넘어서는' 무언가를 만들어내야 하는 단계로 접어들었다. 일찍이 서구사회가 세상에 없던 것들을 창출하여 분야마다 표준을 만들어내었던 것처럼 말이다. 이제는 우리도 우리만의 새로운 가치로 인류가 당면한 과제 해결에 참여해야 할 시기가 다가온 것이다.

나는 새로운 가치를 끌어내는 과정들을 구체화하기 위해 이 책을 썼다. 세상에 없던 가치들을 끌어내는 과정을 정리함으로, 향상(enhancement)이 아닌 도약(quantum jump)이 필요한 시대를 살아가는 방법을 알리고자 한다.

도약을 끌어내려면 먼저 근원을 알아야 한다. 그러나 일의 근원을 찾아가는 과정은 기가 막힌, 새로운 어떤 방법을 동원하는 것이 아니라는 것을 이 책을 통해 알게 될 것이다.

근원으로의 접근은, 아주 기본적인 것에 충실해야 한다. 그러나 기본에 충실하다는 것이 그리 녹록한 과정은 아니다. 왜냐하면, 당연하다고 생각하던 것들을 의심하고, 또 경험을 통해 검증해내야 하기 때문이다. 심리적으로나 육체적으로 힘든 작업이다.

그러나 우리가 가야 할 길을 날카롭게 정의할 수 있다면, 기본에 충실한 과정들을 통해 새로운 가치를 끌어내는 일을 성공적으로 이루어낼 수 있다고 본다. 갈 길이 하나밖에 없다고 깨닫는 순간, 앞으로 나아갈 진정한 용기가 샘솟기 때문이다.

덧붙이고 싶은 이야기가 있는데, 이 책의 설계방식과 분위기에 관한 이야기이다.

나는 산악자전거를 약 20년째 타오고 있는데, 자전거 트레일의 설계방식 중에 flow(플로우)라는 콘셉트가 있다. 이 설계방식으로 초급과 중급, 고급 라이더들이 동시에 즐길 수 있는 트레일을 만들 수 있다.

이 책도 flow(플로우)의 콘셉트에 기반하여 설계하였다. 지식에 대한 습득 정도가 어느 위치에 있더라도, 자신이 알고자 하는 만큼 얻어갈 수 있도록 설계하였다.

책을 읽어나가다가 어렵다고 판단이 되는 대목이 나오면 다음으로 넘어가도 좋다. 이 책은 어떻게든 한 부분이라도 제대로 습득하면 책이 말하는 원리를 터득할 수 있도록 쓰였기 때문이다.

아울러, 경험이 쌓이고 지식의 습득정도가 증가한다면, 보다 깊은 의미들을 더 쉽게 터득할 수 있을 것이라고 믿는다.

이 책의 효용성은 무엇일까?

셰프가 새로운 요리를 손님들에게 건넬 때, 음미하는 포인트를 손님들에게 알려준다. 그래야 손님들은 그 음식을 제대로 느낄 수 있기 때문이다.
저자 입장에서도, 이 책의 포인트를 독자들에게 알릴 필요가 있다고 본다. 그 이유는 책이 가지고 있는 의미를 그대로 받아들이도록 하기 위함이다.

우리가 책을 읽을 때는 대부분 책의 내용을 머릿속에 채우면서 읽어나간다. 그러나 이 책은 경우가 다르다. 이 책은 단순히 내용의 나열로 구성이 된 것이 아니기 때문이다.

무엇이 이 책을 특징짓는가를 이야기하고자 한다. 이 책은 독자 스스로 자신의 지식이 어떤 내용들로 채워져 있고 또 그 내용들이 어떤 구조 속에 채워져 있는지를 깨닫게 한다. 또한 그 내용과 구조를 선택한 기준도 생각하도록 유도한다.
결과적으로 이 책은, 자신이 평소에 어떻게 지식을 운용하여 일을 해 나가는지를 객관적으로 보게 하고, 이를 통해 더 나은 방식으로 자신의 지식을 활용하고, 문제를 해결하는 데 도움을 줄 것이다.

비즈니스 활동에서 이 책의 역할은

어느 날, 동네 떡 방앗간에 한 농부가 찾아왔다. 자신이 농사를 지어 새로운 종류의 쌀을 생산해 냈는데, 이 쌀로 떡을 한번 만들어 보고 싶다고 했다.

'터더덕…' 물에 불린 쌀을 갈던 방앗간 주인은 그만 쌀 가는 기계를 고장 내고 말았다. 방앗간 주인은 쌀 가는 기계를 만든 공장에 전화를 걸어 어떻게 된 일이냐고 물었다.

공장 사장은, 새로운 쌀의 단단하기를 비롯한 특성이 예전 쌀과 달라서 원래 가지고 있던 기계의 부품이 고장이 난 것이라고 했다. 이 쌀을 빻으려면 새로운 쌀에 맞는 기계를 새로 제작해야 한다고 말했다.

공장의 사무실에서는 새로운 기계의 개발을 두고 옥신각신 토론이 벌어졌다. 새로운 쌀에 맞는 새로운 기계를 생산해내기 위해서는 새로운 소재를 도입해야 한다는 의견과 기존의 기계를 좀 더 정교하고 튼튼하게 만들면 된다는 의견이 대립하게 된 것이다.

비즈니스 활동에서 아이디어가 적절한 수준이 되지 않는 경우에는 처음부터 거부될 수 있지만, 이 개발 회의처럼 비슷한 수준의 아이디어일 경우에는 내가 가진 아이디어가 상대방의 것과 다를 때 의견 충돌이 일어나기 마련이다.

아이디어가 상대방과 다르다는 것은 무엇을 의미할까? 내 아이디어는 상대방과 다른 목적지를 향하고 있는 걸까? 아니면, 상대방과 목적지는 같은데 거쳐 가는 길이 다른 것인가? 현실에서는 이런 혼란들로 회의 참석자들 간에 충돌이 일어나는 경우가 비일비재하다.

이 책은 위와 같은 질문들에 답을 하기 위해 이야기를 풀어나갈 것이다. 결론적으로 말하자면, 일을 구성하는 요소들의 보편적인 특징을 알아감으로써 비즈니스에 있어 상대방이 가진 아이디어를 받아들이는 데에 도움을 주게 될 것이다.

의견충돌을 넘어서서 상대방의 아이디어를 받아들였을 때 얻게 되는 긍정적인 결과들은 상상하는 것 이상으로 대단하다. 바로 우리가 정말 해야 하는 일들을 찾아낼 수 있다는 것이다. 그러면 현재보다 한 단계 더 진화한 아이디어를 끌어내어 새로운 상황에 최적화된 기계와 같은 엄청난 결과물을 만들어 낼 수 있게 된다. 이것이 이 책이 이야기하는 생산성 향상의 과정이다.

이 이야기를 통하여, 독자들이 의견 충돌의 상황에서 한쪽보다 양쪽의 의견 모두를 고려하는 균형 잡힌 시선을 갖출 수 있게 된다면, 이 책의 저자로서 어느 정도의 목표는 이룬 셈이 될 것이다.

2021.07.22

저자 김동환

인공위성으로 안내받는 기분이 들었다

지금 하고 있는 일은, 반도체 장비를 현장으로 가져다가 고객이 그 장비를 원활하게 사용하도록 하는 일이다. 내가 하는 일을 비유적으로 표현하자면, 숲속의 나무 분포는 파악이 잘 안 되나 자신이 고른 나무만은 열심히 도끼질하여 베는 격이다. 그러나 이 책은 업무에 있어서 숲을 보도록 도와주는 역할을 하였다.

이 책의 활용을 삶의 측면으로도 확장할 수 있을 것 같다. 즉, 자신이 누구인가를 철학적으로 고민했다면, 그 결과를 실제 삶의 모습으로 구체화하는 데에 필요한 책이라고 본다.
여태까지 나무를 바라보고 일을 하는 입장이었는데, 요즘엔 리더십을 발휘하거나 팀을 관리하는 등의 또 다른 숲을 보는 일에 대비하고 있다. 이 책은 나의 경우와 같이, 삶의 과정을 구체화하는 데 있어, 보다 큰 그림을 그리는 데에 도움을 줄 것이다

김석한
어플리케이션 스페셜리스트
NFI 근무, 네덜란드

순수 연구자의 입장과 한 개인의 견해를 동시에 말하다

먼저 한 개인으로써 이 책의 활용가치에 대해 말하자면, 지금 자신이 하는 일의 가치를 실현하고 극대화하고자 하는 사람들에게 이 책을 권한다.

더하여, 이 책은 기술 발달로 인해 빠르게 변하는 복잡한 현대사회의 조직 속에서 어떻게 살아남을 것인가에 대한 단서를 제공할 것이다. 어느 조직 안에서나 구성원들이 각자의 역할을 아는 것이 중요하다. 이 책은 빠르게 변하고 분업화된 현대사회 조직의 직무 흐름 상, 자칫 혼란에 빠질 수 있는 각 구성원의 자세를 명확하게 알려줄 것이라 생각한다.

그리고, 순수 연구자로서 이 책을 바라보자면, 저자는 비즈니스에서뿐만 아니라 어떤 분야에라도 시스템의 효율성을 극대화하기 위한 방법으로써 시스템 모델링의 필요성을 강조한다. 또한 시스템 모델링을 시작하기 위한 자세와 방향성을 제시하고, 결과를 만들어 내는 과정에 대한 자신만의 통찰을 우화를 통해 알기 쉽게 전달하고 있다.

박관섭
박사후 연구원, NIST(미국표준기술연구소)

차례

2장
다른 방식 받아들이기

3장

지식과 함께 진화하다

본질을 드러내고 생산성을 향상한다는 것

비즈니스 활동에서 가장 쉽지 않았던 경험은, 지금 다루어지고 있는 이 부분이 전체적인 결과에 어떤 영향을 줄 것인가를 예측하는 것이었다. 이 예측 활동은 비즈니스에서 생산성 향상과 직결되는 부분이기 때문이다. 이 책의 이야기는 비즈니스 활동에 있어 가장 가려웠던 부분에 관한 내용을 다루고 있다.

생산성 향상에 관한 이야기를 본격적으로 시작하기 전에 기업가의 본질적인 가치가 어디서 비롯되는가를 알아볼 필요가 있다. 한 기업가의 본질적 가치를 외부로 드러내는 것이 기업 활동이기 때문이다.

그런데 우리는 본질적인 가치를 외적으로 드러내는 과정에서 어려움을 겪게 된다. 왜냐하면, 외형적으로 드러낸 것이 우리가 표현해야 할 본질적인 가치가 맞는지 확인하기 어렵기 때문이다. 여기서 우리는 겉으로 드러낸 것이 제대로 된 결과를 낼 때[1], 우리가 가진 본질적인 가치를 제대로 표현했다고 할 수 있다.

그러면, 기업가의 본질적인 가치는 어디서부터 출발을 할까?

수많은 창조적 사고를 다루는 책들은, 한 개인의 본질적인 가치는 그 사람의 무의식에서 출발한다고 한다. 또한 일부 신앙 서적들은 한 개인의 본질적인 가치는 그가 가진 근원적인 아름다움에서 시작이 된다고 말한다.[2]

자신의 내면의 본질적 가치를 외부로 드러내는 과정에서 기업가들이 하는 대표적인 활동이 '선택'이다.[3] 기업가는 일반적으로 상황에 맞는 '적절한' 선택을 함으로써 경영의 여러 활동들이나 기술개발의 행위들을 이어간다. 기업가의 이 적절한 선택들이 합쳐져서 마침내 시장이 찾는 서비스나 제품을 구현해 낸다.

---

1 비즈니스에서는 수익으로 돌아온다.

2 일부 심리학자들은 인간의 과감한 행동 속에서 한 개인의 창의적이고 본질적인 가치가 외적으로 표출된다고 한다.

3 기업가들이 가진 내면의 본질적인 가치는 서비스나 제품으로 표현되기도 하고, 어떠한 결정을 내려야 할 때 선택의 기준이 되기도 한다.

지금까지 한 기업가의 내면의 가치가 어디서부터 비롯되는지, 그리고 그것의 표출이 어떤 의미가 있는지에 대해 알아보았다. 특히, 한 개인의 내면의 가치가 어디서부터 비롯되는가는, 심리의 영역이자 철학의 영역이기도 하다. 또 무의식의 영역이자 보이지 않는 영역에서 그 관찰이 출발한다고도 할 수 있다.

그러나, 이 책은 한 기업가의 내면의 가치에 관한 관찰보다는, 외형적인 환경의 관찰에 집중하고자 한다. 그렇다고 한 기업가의 내면의 가치를 도외시한다는 뜻은 아니다. 왜냐하면, 우리의 내면의 가치는 우리의 겉모습과 분리될 수 없기 때문이다. 그러나 이 책에서는 우리의 눈에 보이는 현상을 관찰하고 그것을 우리가 가진 도구로 표현해낸다는 범위 안에서 이야기하려 한다.

여기서, 이 책이 이야기하고자 하는, '본질을 파악한다'는 말의 의미를 정의하고 넘어가자. 그것은 특정 범위 내에서 일의 전체적인 목표는 무엇인지, 또 그것에 영향을 끼치게 되는 부분[4]들이 무엇인지를 찾아내는 것이다. 이와 더불어 전체 목표를 이루기 위해 부분들이 어떻게 연결되어 작용하는지도 파악한다는 의미이다. 이

---

4 이 책에서는 부분과 요소라는 용어를 같은 의미로 사용하고 있다.

렇게 일의 본질을 파악함으로 일의 생산성을 향상할 수 있다.

기업가는 관찰한다

이 이야기의 기본 전제는 무엇인가가 '사람에 의해' 관찰되어진다는 것이다. 즉, 무언가를 바라보고 느끼는 감정이나 표출하는 견해는 사람마다 다르다는 사실을 염두에 두어야 한다.

우리는 일을 통해 결과를 내야 살아갈 수 있다. 그러나 일에 대한 상대적인 견해 그 자체들만으로는 일의 본질적인 측면을 알기가 어렵다. 그래서 일의 결과를 내기에는 아직 부족한 단계에 머물러 있다고 할 수 있다. 우리는 이런 상대적인 견해들을 모아서 우리가 바라고 시장이 요구하는 본질을 찾아내야 한다. 그를 위해서는 우리의 시선들의 합이 주관적인 견해를 넘어 일의 본질적인 측면으로 수렴되어야 한다는 것이다.

여기서부터 본격적으로 우리를 둘러싼 환경을 관찰하는 방법들에 대해 알아보자.

우리 앞에 벌어지는 일을 '현상'이라는 말로 표현을 할 때, 산업이나 학문의 분야마다 그 본질적인 측면을 관찰해 온 여러 방법들이 있음을 알 수 있다.
대표적으로, 경영의 분야에서는 전략적이라는 표현으로 현상을 관찰하고 대처하는 활동들을 해 왔다. 한 기업가가 기업의 외부상황에 대처하기 위해 경영자원들을 어떻게 움직일 것인가를 고민할 때, 자신의 상황을 냉철하게 바라보는 것은 주어진 현상의 본질을 관찰해나가는 하나의 예일 것이다.

그리고, 수학자들은 눈앞에 펼쳐지는 자연 현상을 하나의 수학적 패턴으로 파악하려고 했었다. 그리고 그 수학적 패턴을 두고 과연 자연이 그러한 모습을 보여주려고 했을까 하고 고민하였다. 이것 또한 현상의 본질을 파악하려는 경우이다.

제품이나 환경을 디자인하는 사람들은, 디자인 활동을 인간의 사고 활동인 경영 활동이나 창조적 사고의 범주로 끌어올리고자 하였다. 디자인적 사고로 불리는, 그들이 정립한 사고체계를 가지고 주어진 과제의 본질에 접근하고자 하였다는 것이다.

그렇다면, 이 책에서 이야기하려는 현상의 본질을 찾으려면, 우리는 현상을 어떤 시선으로 바라봐야 할까? 현상을 바라보는 시선이 어떠하냐에 따라 본질적인 측면을 파악할 수 있느냐 그렇지 않으냐가 결정되기 때문이다.

시선을 벗기 위한 노력이 필요하다

학문이나 경험이 쌓여갈수록, 우리는 초보자에서 숙련자나 전문가로 불리며 활동들을 해나간다. 그러나 숙련자나 전문가가 된다고 해서 반드시 현상의 본질을 발견하는 것은 아니라고 본다. 그 이유는 학문을 공부하는 과정을 들여다봄으로 알 수 있을 것이다.

특정 학문의 분야를 공부한다는 것은 세상을 바라보는 방식을 좀 더 '세련되게' 다듬어가는 과정이다. 세상을 세련되게 바라본다는 것은, 본질을 바라보는 것과는 다르다는 것이다. '세련되다'는 의미는, 연습을 많이 한다는 뜻이자 익숙해진다는 뜻이지, 그 상황이 주는 본질적인 메시지를 찾아내었다는 뜻은 아니다. 이 둘은 엄연히 다른 행위이다.

본질의 관찰은 능숙함, 세련됨을 통해 이루어지는 것이 아니라, 한 개인의 태도와 시선을 '벌거벗는' 과정에서 이루어진다. 즉, 우리의 시선이 아무것도 걸치지 않은 순수한 방향으로 갈수록 그 본질에 가까이 갈 수 있다는 것이다. 그 말은, 물리학의 세계에 이제 발을 들인 사람이나 그 분야에 오래 몸담아 온 사람이나 모두 어떤 현상의 본질을 파악할 때에는, 기존에 가지고 있던 시선과 태도를 벗어버리기 위한 노력을 해야 한다는 뜻이다. 물론, 그 현상을 물리학적인 가치가 있는 논문으로 표현해 내는 것은 숙련자가 훨씬 낫다고 본다.

한 팀에는 여러 배경이 있다

이번에는 숙련도가 아닌, 다양한 배경의 구성이 현상의 본질을 발견하는 일과 어떤 관련이 있는지에 대해 생각해 보자.

우리에게 주어진 현상을 관찰할 때, 우리 각자의 시선은 불완전하다. 그래서 주어진 현상의 본질은 여러 시선들의 합으로 완성될 수 있다. 이러한 이유로, 회사의 특정 팀에는 개인이 지닌 시선의 불완전함을 보완하기 위해 여러 분야를 전공한 다양한 배경의 사람들로 구성이 된다.

그 팀 속에는 경영학을 전공한 사람도 있고, 수학을 공부한 사람도, 물리학을 전공한 사람도 있다. 이렇게 한 팀 안에는 현상을 바라보는 다양한 방식들이 존재한다.

이제 우리는 이처럼 한 가지 현상에 대한 여러 가지의 관찰 방식들을 어떻게 다루어야 할 것인가를 고민해야 한다. 왜냐하면, 우리는 흔히 현상을 관찰하는 방식이 내 것과 다르면 그 의견이 틀리다고 생각하고, 일의 구성 요소에서 제외하는 우를 범하기 때문이다. 이렇게 되면 우리가 관찰하는 현상의 구성 요소들을 제대로 파악할 수 없어 본질적인 측면을 드러낼 수 없으며, 생산성 향상은 먼 이야기가 되고 만다.

그런 의미에서 필자는 이 책을 통해 현상을 관찰하는 방식을 자세히 다루고자 하였다. 이 책의 이야기 속에는, 하나의 현상을 두고 물리학을 전공한 팀원이 관찰하는 방식이 있고, 경영학을 전공한 팀원이 관찰하는 방식이 있다. 이는 학문적인 구분이, 특정한 현상을 다르게 관찰하게 하는가와 결과적으로 본질을 다르게 드러내는가에 대한 질문이 된다. 그리고 이 과정에서 생산성 향상의 방법을 설명할 것이다.

이 이야기를 지켜봄으로, 주어진 현상의 본질적 요소들을 찾아내고 생산성을 향상하는 첫 단계인 현상을 객관에 가깝게 바라보는 시선을 기를 수 있을 것이다.

이야기로 들어가기

현상을 관찰하는 방식의 차이를 보여주기 위해 세 사람이 등장인물로 나온다. 등장인물들 중에는 농장 주인이 있고, 두 명의 일꾼이 있다.

이 세 등장인물을 두고 양계농장에서 가장 중요한 일이 벌어진다. 농장주인은 이미 경험을 한 자의 역할을 하고, 일꾼 둘은 일을 두고 고심하는 역할을 한다. 그러면서 현상을 관찰하는 두 방식의 차이에 대해 배워나간다.

이 이야기의 구성은 매우 단순하지만, 독자들은 이 등장인물들이 벌이는 일을 들여다보면서 그들이 어떻게 현상의 본질을 파악하고 생산성의 향상을 끌어내는지를 보게 될 것이다. 또한 학문에 따라 현상의 본질을 바라보는 방식에 차이가 있는지도 명확하게 알 수 있을 것이다.

그러면, 독자 여러분들께는 한 가지 일이 남게 된다. 바로 자신 앞에 펼쳐지는 현상을 관찰하고, 다른 사람과 자신이 가진 시선들을 합쳐 그 본질을 파악하고 자신에게 주어진 일의 생산성을 향상하는 것이다.

등장인물

농장주인

이 이야기를 전반적으로 끌고 가는 인물이다.

농장 주인은 두 일꾼에게 과제를 주고는, 그것을 풀어보라고 한다. 그러고는 그 과제를 통해 현상을 관찰하는 방식의 차이를 설명해 나간다. 이후에는, 그 과제의 본질적인 측면을 찾아내고 구현해나가는 과정을 직접 알려준다.

농장 주인은 현상을 관찰하는 두 가지 방식에 모두 익숙하다. 왜냐하면, 대학에서 이 두 가지 분야에 해당하는 과목들을 모두 공부했기 때문이다. 그런 데다 흔치 않게, 대학에서 공부한 것을 현실에서 검증한 사람이기도 하다.

일꾼 1

일꾼 1은 '차근차근' 일을 논리적으로 풀어가는 인물이다.

일을 논리적으로 풀어간다는 것은 일의 근거를 확보하는 데에 매우 중요한 태도이다. 일의 본질에 논리적으로 접근함으로 자신이 걸어왔던 필연적인 경로를 파악할 수 있기 때문이다.

그러나 그는 이런 논리적인 태도에만 잘 훈련이 된 사람이다. 그것도 이론적으로만 말이다. 일꾼 1은 파트너인 일꾼 2와 농장 주인이 준 과제를 풀어가면서 자신만의 방식에 한계를 느낀다. 과제의 본질을 파악하고 구현해가는 가운데, 다른 방식을 받아들이는 것의 가치를 점점 깨우쳐 간다.

일꾼 2

음악을 좋아하고 자유로움을 추구하는 사람이다.

일을 덤벙덤벙하는 듯하나, 장벽 너머에 있는 일의 본질적인 측면을 '짚어내려고' 노력하는 친구이다. 그러나 그도 일꾼 1처럼 한 가지 방식만 알고 있고, 아직은 이론에만 익숙한 사람이다.

이렇게 일을 자유롭게 풀어가고자 하는 사람들에게는 더 많은 고난이 따른다. 왜냐하면, 차근차근 일의 근거를 마련해가는 사람들에 비해 도약하고자 하는 마음이 강해서 과정을 무시한 채 건너뛰다가 실패를 많이 하기 때문이다.

그러나 일을 통해 자유로움을 추구하는 방식으로 언젠가는 여러 사람들에게 도움을 주는 결과물을 만들어 내기도 한다. 일꾼 2도 여러 사람에게 긍정적인 영향을 끼치는 그런 결과를 만들어 낼 거라고 믿으며 즐겁게 일하고 있다.

1장

달걀 더 낳게 하기

양계농장 주인, 일꾼 둘을 고용하다

양계농장

양계농장의 주인은 며칠째 고민에 싸여있다. 농장의 경영을 한 단계 더 끌어올려야 하는 상황에 놓여있기 때문이다.

'이 양계농장의 본질적인 가치는 무엇일까? 그 가치를 구현해 내기 위해 실질적으로 해야 하는 일은 무엇일까?' 하고 생각이 꼬리에 꼬리를 물고 그를 놓아주지 않고 있다.

농장 주인은 농장경영의 내적인 부분들이 풀리지 않자 고민을 외적인 방향으로 돌렸다. 그는 농장 일을 체계적으로 만들고 또 달걀의 유통 체계도 좀 더 효율적으로 변화를 주는 것에 몰두했다.

고민 끝에 농장 주인은 생각하던 일을 추진하기로 했다. 바로 인력을 보강하는 일이었다. 계획한 대로 일꾼 둘을 고용하였다.

농장 주인은 그들을 고용한 지 얼마 지나지 않아, 그들에게 공부거리를 내주었다. 양계농장을 운영하는 데 있어 가장 본질적이고도 중요한 일이 무엇인지 알고, 또 그것을 구현하는 방법을 터득하게 하기 위해서였다.

농장 주인이 두 일꾼에게 내준 과제는 바로 달걀의 생산량을 늘리는 방법을 찾으라는 것이었다. 일꾼 둘에게, 하루에 한 개의 달걀을 낳는 닭을 한 마리 가져다주고는, 하루에 두 개의 달걀을 낳게 하는 방법을 찾아보라고 한 것이다.

일꾼 둘은 의문이 가득한 눈으로 서로를 바라보았다. 양계농장에 입사한지 얼마 되지 않았는데, 농장 주인에게 받은 첫 일감치고는 갑작스럽고 쉽지 않은 과제라고 생각했기 때문이다.

과제를 내어주다

일하는 스타일이 다른 두 일꾼

첫째 일꾼은 교과서적이다

일반적으로, 한 개인의 성격은 그 사람의 일하는 방식을 결정하기도 한다. 농장 주인은 일꾼 둘의 성격도 파악할 겸 질문을 던졌다.

바로 학교생활이 어땠냐고 물은 것이다.

첫째 일꾼이 대답하길,

"저는 대학을 다니는 동안 축산학을 전공했고, 학교 수업에만 충실했습니다."

라고 말했다. 깔끔하고 단정한 옷매무새가 그의 학교생활의 단면을 말해주었다.
그는 이어서 대답했다.

"학과목들 중에서는 사료 수업을 관심 있게 들었습니다. 특히 졸업 과제로는, 닭에게 주는 사료의 종류와 양에 따라 알을 얼마나 더 낳는지를 정리하여 발표했습니다."라고 말했다.

농장 주인은 일꾼 1의 대답을 통해 앞으로 이 친구가 일을 어떻게 풀어갈지 어느 정도 가늠할 수 있었다.

둘째 일꾼은 자유분방해 보인다

농장 주인이 보기에 일꾼 2는 자유분방해 보였다. 꾹 눌러쓴 모자 아래로 보이는 긴 머리는 헤비메탈 가수를 연상케 했다.

둘째 일꾼은 농장 주인의 질문에 자신감 있는 목소리로 대답했다.

"저는 음악을 통해 저를 자유롭게 표현하고 싶었습니다. 그래서 음악과에 진학했고, 음악밴드 동아리도 해 보았습니다. 다른 과목들은 별 흥미가 없었습니다만, 동물 음악만은 열심히 공부했습니다.

졸업 후 대중음악 작곡가로 활동을 할 예정이었지만 갑자기 동물에 관심을 가지게 되어 어떻게 하면 음악으로 그들을 편안하게 할지에 관심을 가지게 되었습니다."

농장 주인은 일꾼 2의 대답을 통해 그의 학창 시절은 왕성한 활동들로 채워져 있었으며, 그 활동들 틈에서 자유로움과 함께 대담함이 언뜻 느껴졌다.

각자가 배운 대로 하다

농장 주인이 보기에 두 일꾼은 같이 일하면 시너지가 일어날 것이 분명해 보였다. 그 이유는 이들의 일하는 스타일이 달라 보였기 때문이다. 그리고 시너지가 나는만큼 의견 충돌도 일어날 것이라고 예견하였다.

아니나 다를까, 둘은 서로의 입장을 주장하기 시작했다. 첫째 일꾼은 관심 분야가 사료이니만큼 지금 주는 사료의 양을 늘려 주어야 한다고 했다. 사료의 양을 늘리는 것이 닭의 생육을 늘리고 달걀을 더 낳게 한다는 지식을 이야기했다.

둘째 일꾼도 아이디어를 냈다. 학과의 동물음악 수업을 통해 이론 공부를 하긴 했지만, 그의 성격답게 무작정 음악을 들려줘 보기로 한 것이다. 이렇게 하려는 이유는, 닭이 온종일 먹이활동을 하고, 알을 낳는 일을 반복하다 보면 지칠 수 있기 때문에, 음악을 들려주어 긴장을 풀어줄 필요가 있다고 생각했기 때문이었다.

서로의 방식을 주장하다

첫째 일꾼은 시간에 따라 사료의 양을 늘리는 매뉴얼을 만들었다. 매뉴얼은 농장 주인과 상의하여 닭에게 먹여오던 사료를 바탕으로 작성했다. 매뉴얼에 따라 사료를 조심스럽게 떠서 닭에게 가져다주었다.

둘째 일꾼은 누구에게도 묻지 않고 인터넷 쇼핑몰에서 스피커를 주문했다. 택배로 온 스피커를 농장 기둥에 설치하고는, 음악 플랫폼 사이트에서 인기를 끌고 있는 케이팝 음악을 하나 골랐다. 일꾼 2의 일의 진행은 과감하였다.

공부를 더 해보기로 결정하다

그렇게 둘의 기대 속에 하루하루가 지나갔다. 일꾼 1은 닭에게 사료를 더 먹였으니 효과가 날 것이라 생각했고, 일꾼 2는 케이팝 음악이 한몫을 할 것이라고 기대했다.

그런데, 시간이 흐르면서 기대한 것과 반대의 일이 벌어졌다. 일꾼 1이 음악을 들려주고 일꾼 2가 사료를 늘려 주었는데도, 닭이 알을 적게 낳기 시작한 것이다. '어…?' 하고 둘은 서로의 눈을 쳐다보며 당황해했다.

둘은 뭔가 잘못됐다는 것을 직감하였다. 그리곤 각자 대학을 다닐 때부터 해오던 사료와 동물음악에 관한 공부를 좀 더 해보기로 했다.

첫째 일꾼은 사료에 대한 자료를 인터넷과 책을 통해 더 찾아보기로 하였다. 둘째 일꾼은 닭에게 무작정 음악을 들려주기보다는 좀 더 체계적으로 닭이 좋아할 만한 음악을 찾아보기로 하였다.

두 사람 모두 어딘가에는 닭이 알을 더 낳게 하는 방법이 있을 것이라 생각했다. 그러나 그것은 다소 막연한 생각이었을 뿐 자신들이 달걀의 생산량을 늘리기 위해 무엇을 해야 하는지 정확히 알지 못했다. 바꾸어 말하면, 그들은 새로운 방법을 찾는 데만 몰두하였고, 일의 본질적인 측면은 바라보지 못했다. 어찌되었든 결론은 다른 해결책이 필요하다는 것이었다.

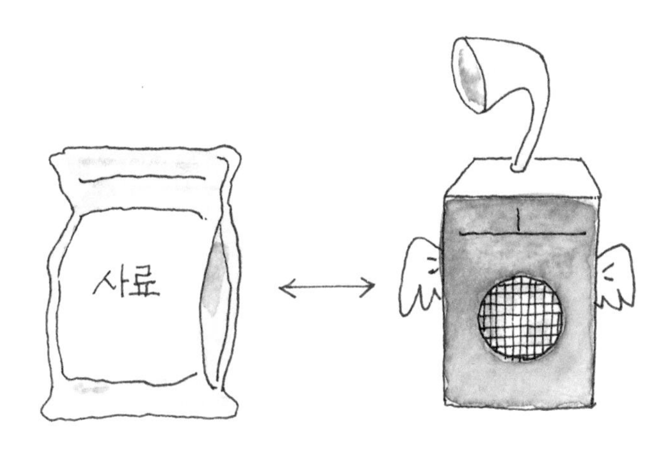

서로를 모르니 아직 연결 짓지 못하다

근거가 부족한 결정을 하다

관련이 있다는 것까지는 알다

더 나아가기 위한 첫걸음은 벽을 만난 후부터 시작이다. 벽을 만난 후에 절망을 만나고, 거기서 자신의 시각을 내려놓게 된다. 그러면 주위가 서서히 보이기 시작한다.

자신의 일에 뛰어든 지 얼마 되지 않은 두 일꾼은 벽을 향해 열심히 달려갔다. 첫째 일꾼은 사료에 관한 이런저런 자료를 뒤적였다. 그러다가 어떤 자료를 발견해 냈다. 닭에게 먹이는 사료도 중요하지만 그에 맞는 음악을 들려주면 닭이 알을 더 많이 낳는다는 내용이었다.

둘째 일꾼도 뭔가를 해 보기로 했다. 그는 자료를 찾기보다 동물 음악 전문가를 찾아갔다. 전문가의 시선을 빌리는 편이 방법을 찾는 시간을 줄일 수 있다고 생각했기 때문이다. 그 전문가는 닭이 달걀을 더 낳게 하기 위해서는 음악에 맞는 사료가 중요하다고 했다.

'음악에 맞는 사료를 준다…?'

둘째 일꾼은 이 말을 중얼거리며 농장으로 돌아왔다.

다시 만난 두 사람은 한참을 논의하였지만 명확한 결론을 내지 못했다. 왜냐하면, 서로 다른 의견을 가진 사람의 목소리에 귀를 기울여 적절한 방법을 찾아낸 경험이 없었기 때문이다.

서로의 방식에 대해 잘 알지 못한 이유는 다음과 같다. 첫째 일꾼은 축산학을 공부할 때에 사료는 공부하였지만, 음악과에서 동물음악을 가르치는 줄은 몰랐다. 둘째 일꾼은 전문가에게서 동물음악에 어울리는 사료를 주는 것이 중요하다는 이야기는 들었지만, 대학에서 사료에 대해 이론적으로 배우지는 않았다. 게다가 농장일에 대한 경험도 부족했다.

두 일꾼은 자기만의 방식을 계속 고집했다. 일꾼 1은 주던 사료를 더 주고, 일꾼 2는 케이팝 중에서 다른 곡을 골라 들려주었다. 두 사람은 이론적으로도, 경험적인 지식으로도 어쩔 수 없는 결정을 내리고, 이를 실행하고 있었다.

각자의 방식을 더 주장하다

사료 종류와 음악 장르를 바꾸다

상황의 본질을 보지 않고 일을 조급히 처리할 때에는 마음에 늘 갈증이 일어난다. 결과를 빨리 보고 싶어 하고, 안 되면 또 다른 방법을 찾기 때문이다. 이 두 사람 역시 그런 상황이었다.

문제가 해결되지 않는 상황에서, 주어진 시간은 자꾸만 흘러갔다. 첫째 일꾼은 닭에게 사료를 더 늘려주는 자신의 방법에 자신이 없어져 갔다. 자신만만하던 둘째 일꾼도 케이팝을 바꿔가며 들려주는 것에 자신이 없었는지 시간이 지날수록 어깨가 축 처졌다.

그 둘은 잠시 서로의 주장에 대해 깊이 생각을 해 보기로 하였다. "사료에 맞는 동물음악을 찾는다고?" 첫째 일꾼은 혼잣말을 하였다. 둘째 일군은 그 반대의 상황이었다. 두 일꾼 모두 답답하기는 매한가지였다.

첫째 일꾼은 갑자기 옥수수가 들어간 사료를 먹여보자고 했다. 옥수수 사료를 소에게 먹이니 살이 쪘더라는 소문을 들은 것이다. 닭에게도 이 사료를 먹이면, 살이 찌고 알을 더 낳을 것으로 생각했다.

둘째 일꾼은 빠른 템포의 노래보다는 느린 발라드가 낫지 않겠느냐는 말을 하였다. 신나는 장르보다는 아무래도 감성에 호소하는 발라드가 닭이 사료를 소화 시키는 데 도움이 될 것이라고 생각해서였다.

바닥에 주저앉다

털의 윤기가 푸석푸석해진 닭

두 일꾼은 닭이 달걀을 더 많이 낳게 하려고 옥수수가 든 사료와 발라드를 들려주었지만, 닭은 그들의 기대대로 움직여주지는 않았다. 오히려 털도 푸석푸석해지고, 먹이를 쪼는 움직임도 느려진 것 같았다. 당연히 달걀도 많이 낳지 못했다.

그들은 이제 은근히 걱정되기 시작했다. 그러면서,

“옥수수가 들어 있는 사료를 먹이면 달걀을 더 많이 낳을 줄 알았는데…”

“느린 발라드가 신나는 케이팝보다는 나을 줄 알았는데…”

라면서 말끝을 흐렸다.

그들은 여기서 이 일의 첫 번째 장벽을 만났다. 특히, 그들이 처한 상황이 나빠졌지만, 사료와 동물음악이 달걀을 더 낳게 하는 것과 어떤 상관이 있는지 전혀 알 수 없었기 때문이었다. 그들은 머리를 감싸 안은 채 닭 앞에 덩그러니 앉았다.

농장 주인; 두 일꾼들에게 다가가다

농장 주인; 등장하다

농장 주인은 닭 앞에 덩그러니 앉아있는 두 일꾼을 발견하였다. 그는 조용히 다가가 자신이 알려주는 대로 해 보는 것이 어떻겠냐고 말했다.

사실은 첫째 일꾼과 둘째 일꾼은 모두 농장 주인의 아들들이었다. 아버지는 농장을 운영하는 지식도 알려줄 겸, 두 아들들에게 일부러 이 일을 맡긴 것이었다.

농장 주인은 다시 근엄하고도 부드럽게 말했다.

"닭에게 달걀을 더 낳게 하는 일은 원래 쉬운 일은 아니란다. 기술적인 부분들을 고려함에 있어 꽤 복잡한 과정들을 거쳐야 하기 때문이다. 그리고 나중에 알게 될 테지만 닭에게 달걀을 더 낳게 하는 방법을 찾는 과정 가운데, 우리의 목표를 가지고 있어야 한단다. 그 목표가 우리 양계농장을 이끌어가기 때문이야.

너희 둘이 하던 일에서 잘못된 부분을 바로잡아 보자. 닭이 다시 하루에 한 개의 알을 낳도록 하는 데 도움을 주겠다는 뜻이다. 그런 후에, 달걀의 생산량을 좀 더 늘려 하루에 두 개의 알을 낳는 방법을 알려 주마."

기술적인 기준부터 찾아라

기술적인 출발 기준을 찾는다

농장 주인은 두 일꾼에게 닭이 달걀을 더 많이 낳게 하기 위해서 무엇을 먼저 해야 하는지를 알려주었다.

"달걀을 더 낳도록 하기 위해 둘이 함께 고민할 때는, 기술적인 기준부터 먼저 찾아야 한다. 기술적인 기준을 찾는다는 것은 자연의 법칙에 기반하여 일을 풀어가는 출발 기준을 찾는 것이란다. 여기서는 닭이 하루에 한 개의 알을 낳는 것을 기본적인 조건으로 하고자 한다. 그 조건에서 털의 윤기나 모이 활동 정도가 기술적인 기준이 된다고 할 수 있지.

기술적인 기준에 대해 더 이야기하자면, 닭이 하루에 한 개의 알을 낳게 하는 방법은 여러 가지가 있을 수 있어. 사료만 줄 수도 있고, 사료의 종류를 바꾸고 동물음악과 조합할 수도 있단다. 그러나 이런 방법들과는 상관없이 닭이 꾸준히 하루에 한 개의 알을 낳는, 닭의 생물학적인 기술적 출발 기준은 거의 일정하다고 볼 수 있단다.

그리고, 기술적인 기준을 찾은 후에 사료와 동물음악이 각각 또는 서로의 조합이, 어떤 과정을 거쳐 기술적인 기준에 영향을 주는지 알아내는 과정이 필요하단다. 이것은 소위 어떤 일이 발생해가는 메커니즘[5]을 파악하는 일이야. 특정 성분이 들어간 사료와 어떤 동물음악을 들려주었다면, 그 사료와 어떤 동물음악이 닭의 털의 윤기나 모이 활동 정도에 어떻게 영향을 주는지를, 과학적이자 생물학적으로 조사하는 과정을 통해 알아내야 하는 것이다.

닭이 알을 낳는 메커니즘을 파악하고 그 메커니즘의 구현인 기술적인 방법을 놓고 이야기할 때는 서로의 분야에 대해 깊은 대화를 나누어 근원적으로 서로를 이해할 수 있어야 한단다." 라고 이야기를 이어갔다.

"기술적인 기준을 찾고 알을 낳는 단순한 메커니즘을 이해함으로, 달걀의 생산량을 늘리는 새로운 메커니즘을 예측하고 구현 방법을 찾는 것은 그다지 어렵지 않단다. 결과적으로, 사료만을 공부한 사람은 어울리는 동물음악을 찾을 가능성이 커지고, 또 동물음악만을 공부한 사람은 어울리는 사료를 찾을 가능성이 높아지는 거지.

---

5 이 책의 서두에는, 본질을 파악한다는 것은 '부분과 전체의 상관관계를 파악하는 일'이라고 표현하고 있다. 그러나 이 책의 중반부를 지나면서는 일이 진행되어가는 양상의 '메커니즘을 파악하는 것'으로 말하고 있다. 그리고 메커니즘의 파악에 관해서는 책의 뒷부분에 자세히 설명되어 있다.(p.127부터, '생산성을 향상하는 일; 모델링')

그리고, 달걀을 더 낳게 하는 과정에서 닭의 컨디션이 잠시 나빠지더라도 어렵지 않게 해결책을 찾을 수가 있어."

농장주인의 이 설명을 들은 일꾼들은 속으로, '아, 마트에서 달걀을 사 먹는 게 훨씬 편하겠다.'라며 고개를 땅으로 떨구었다.

다시, 단순화하다

사료는 처음의 것, 음악은 NO

농장주인은 다시 닭의 털에 윤기가 흐르도록 하고 모이 활동도 원만한 상태로 되돌리는 일에 착수하였다. 농장 주인은 달걀의 생산량을 늘리는 방법을 찾는 과정의 복잡성에 대해 잘 알고 있었다. 즉, 사료의 종류와 양, 들려주는 음악을 동시에 바꾼다는 것은, 저글링(Juggling)을 터득하는 것처럼, 익숙해지기 전에는 복잡해 보인다.

그래서, 농장주인은 닭의 생육 조건을 아주 단순하게 만들 것을 지시했다.

첫째 일꾼에게는 옥수수 사료를 주지 말고, 농장 주인이 처음에 주던 사료를 주라고 했다.

둘째 일꾼에게는 음악은 아직 들려주지 말자고 말했다. 이 조건은 농장 주인이 두 일꾼에게 닭을 건넬 때의 조건 그대로였다. 원래의 생육 조건에서 털의 윤기와 모이 활동 정도를 그때의 수준으로 회복시켜보자고 말했다.

제대로 좀 줘요, 힝!

두 일꾼은 주인의 지시대로 닭을 키우는 조건을 단순하게 만들었다. 그러나 닭이 크게 회복되는 기미는 보이지 않았다.

농장 주인은 첫째 일꾼에게, 사료의 양에 조금씩 변화를 주자고 했다. 그러자 첫째 일꾼은 닭에게 사료를 조금 더 줘보기도 하고, 덜 줘보기도 하였다. 또 둘 사이인 중간의 양을 줘보기도 했다. 닭은 중간 정도의 사료 양에서 반응을 보이기 시작하였는데, 차츰 털에서 윤기가 돌기 시작하였고, 모이를 쪼는 움직임도 점점 활발해져 갔다.

드디어, 알을 낳는 주기가 줄어들기 시작했다. 닭은 건강 상태가 좋지 않았을 때, 일주일에 겨우 한 개의 알을 낳았는데, 중간 정도의 양을 먹은 후부터는 사흘에 한 개씩 알을 낳기 시작했다. 마침내 일꾼들이 닭을 인계받았던 그때, 그 상태로 돌아가 하루에 한 개씩 알을 낳게 된 것이었다.

조건을 동시에 바꿨다

무엇이 잘못 되었을까?

농장 주인이 두 사람에게 물었다.

“달걀을 더 낳게 하는 방법을 찾다가 어디서 잘못된 것 같니?”

질문을 던진 농장 주인은 대답을 듣기도 전에 말을 이어갔다. 농장에 방금 입사한 일꾼들이 대답하기에는 어려운 질문이라고 판단했기 때문이다.

“닭이 더 많은 알을 낳는 방법을 찾을 때, 동시에 두 가지 조건에 변화를 줬기 때문이다. 사료든, 동물음악이든, 하나를 고정시킨 다음, 다른 하나에 변화를 주는 절차를 거쳤어야 했어.”

“사료와 동물음악을 동시에 바꾼다면, 알을 더 낳게 되더라도 무엇 때문에 더 낳게 되었는지를 알 수가 없어. 그리고 변화를 준 결과는 기간을 정해놓고 확인을 해야 한단다.”
라고 농장 주인이 말했다.

일꾼들은 충분히 알아들을 수 있는 논리적인 설명이라 판단하면서도 머릿속은 점점 더 복잡해지기 시작했다.

달걀 두 개 낳게 하기; 클래식을 들려주다

사료는 바꾸지 않는다

농장 주인은 두 일꾼에게 달걀을 두 개 낳는 방법을 알려주기로 하였다. 그런데, 농장 주인이 예전에 해 본 방법이 아니라, 이번에 새롭게 도전하는 방법이었다.

이번에는 둘째 일꾼에게 닭의 생육 조건을 단순화하기 위한 과정에서 끊었던 음악을 다시 들려주자고 하였다. 대신, 둘째 일꾼이 들려주었던 케이팝이나 느린 발라드보다는, 빠른 템포의 컨트리 음악과 첼로 연주가 깔리는 클래식을 선택했다.

빠른 컨트리음악과 중후한 클래식

컨트리음악을 들려주었을 때는 닭이 편안한 모이 활동을 보이지 않았다. 그래서 첼로 연주가 배경으로 깔리는 중후한 클래식 음악으로 바꿨다. 그랬더니 닭은 바로 반응을 보였다. 움직임이 편안해 보이고, 또 모이 활동도 활발해졌다.

닭은 얼마 후에 이전보다 더 자주 달걀을 생산해냈다. 그러나 아직 하루에 두 개를 생산할 정도는 아니었다.

달걀 두 개 낳게 하기; 사료를 바꾸다

클래식은 바꾸지 않다

농장 주인은 닭이 클래식을 듣고 달걀을 더 자주 낳게 된 것에 기분이 들떴다. 그래서 이번에는, 달걀을 하루에 두 개씩 낳도록 하자는 목표를 가지고 사료의 종류를 바꿔보기로 했다.

어떤 사료를 먹일까 고민하던 농장 주인은 불현듯 이웃 농장 주인의 이야기가 떠올랐다. 구기자 말린 것이 들어간 사료를 먹이면, 달걀의 노른자가 더 선명해지고 알을 더 낳게 된다고 한 말이 기억난 것이다. 농장 주인은 첫째 일꾼에게 구기자가 들어 있는 사료를 들고 오라고 했다. 그리고 닭에게 조심스레 건네주라고 했다.

또다시 몇 주가 흘렀다. 그런데, 아무래도 닭의 반응이 심상치 않았다. 음악은 계속 그대로 중후한 클래식으로 들려주었고, 사료는 닭의 생육에 좋다는 구기자가 포함된 사료를 먹였는데도, 닭털은 더 푸석푸석해지고 먹이를 쪼는 움직임도 느려졌다.

주인은 이상하다고 생각하였지만 구기자 사료를 계속 주었다. 거기에는 나름의 이유가 있었다. 새로운 시도를 하는 데에는 으레 장벽이 있게 마련이니까 이러다가 좋아지겠거니 하며 기다리고 있었던 것이다.

사료의 양을 세밀하게 조절하다

농장 주인은 구기자 사료의 양을 세밀하게 조절하기로 했다. 그래서 첫째 일꾼에게, 사료를 지금보다 조금 더 많이 준 다음 관찰해 보고, 그 다음은 조금 적게 주고 다시 관찰해 보자고 한 것이다.

첫째 일꾼은 먼저, 구기자가 든 사료를 조금 많이 주었다. 그런데, 노른자는 선명해졌으나 알을 더 많이 낳지는 않았다.

그걸 지켜보는 농장 주인도 슬슬 답답해지기 시작했다.

'이웃 농장 주인에게 잘못 들은 걸까? 분명히 구기자 사료라고 했는데….'라고 속으로 생각하였다.

'달걀의 노른자가 선명해지는 것은 당연하다는 생각이 드는데, 알을 더 낳게 한다는 확신은 들지 않아.'

닭털이 부스스해지고 빠지는 것도 문제였지만, 계속되는 고민에, 이러다가 자신의 머리카락도 부스스해지고 빠질 것 같았다. 그렇게 몇 주가 지났다.

이제는 구기자 사료의 조건이 하나만 남았다. 바로 사료를 조금 적게 주는 그것이다!

다시 몇 주가 흘렀고, 닭의 부스스한 털에서 새 털이 조금씩 보이고 전체적으로 윤기가 돌기 시작했다. 모이 활동도 활발해진다는 느낌이 들었다. 드디어 구기자가 든 사료의 적절한 양과 클래식 음악의 조합으로, 건강한 닭의 생물학적, 기술적 기준을 충족하게 된 것이다!

며칠 후, 농장 주인이 잠든 새벽에 닭은 드디어 달걀을 두 개 낳았다. 예상대로 노른자의 색깔도 샛노란 색이었다.

주인의 정성에 드디어…

두 일꾼, 기뻐하다

드디어 알을 두 개 낳은 닭

“유후!” 두 일꾼은 달걀을 두 개 낳은 닭을 신기한 듯 쳐다보았다. ‘그렇게 애를 먹이더니…’라며 속으로 중얼거렸다. 비록 자신들이 고안해 낸 방법으로 성공한 것은 아니지만, 닭이 달걀을 더 낳게 한 것에 자부심을 느꼈다.

그리고 그 방법을 터득한 배경에 대해 농장 주인에게 설명을 듣기로 했다.

두 과목을 모두 공부한 농장 주인

서로의 방식을 잘 알다

이 이야기의 시작 부분에 기술한 바와 같이, 두 일꾼은 대학을 다닐 때, 일꾼 1은 축산학과에서 사료를 공부하였고, 일꾼 2는 음악과에서 동물음악을 공부하였다. 즉, 두 일꾼은 달걀을 더 낳게 하는 방식을 한 가지씩만 알고 있었던 셈이었다.

그들은 이 문제를 해결하기 위해 기술적인 기준을 정해야 한다는 사실을 몰랐다. 게다가, 사료와 동물음악이 어떻게 기술적인 기준에 영향을 주는지에 대한 지식도 없었다. 더 중요한 것은, 사료와 동물음악을 새롭게 조합하여 기술적 기준을 충족하고 '달걀의 생산량 증가'라는 목표를 달성하는 방법에 대해서도 모른다는 사실이었다.

그에 비해, 농장 주인은 기술적인 기준을 정하고, 그 기준을 만족시키기 위해 사료와 동물음악을 어떻게 조합하는지 이미 알고 있었다. 사실, 농장 주인은 대학을 다닐 때, 두 가지 전공을 모두 공부한 인재였다. 두 전공의 이론을 풀어가는 방식의 차이에 대해 잘 알고 있었던 것도 이 때문이었다.

농장 주인은 학교에서 배운 이론을 실제로 현장에 적용하는 데 필요한 감각을 가지고 있었다. 이론적으로나 실무적으로 이미 필드의 해결사다운 면모를 지니고 있었다.

닭을 건강하게!!

닭에게 무리한 요구하지 않기

농장 주인은 두 아들들에게 이야기하였다.

"아직 우리 농장에서 한 번도 시도를 해보지 않은 일이 있단다. 바로 닭이 하루에 네 개의 알을 낳도록 하는 거야.

여기에서 반드시 주의해야 할 것이 있단다. 닭이 달걀을 더 낳도록 하는 것도 중요하지만, 닭에게 무리하게 달걀을 낳게 해서는 안 된다는 거야. 그렇게 하면, 결국 닭의 건강이 나빠지고, 달걀을 더 낳게 하는 결과를 가져올 수도 없단다."

디딤돌 1

일은 어디서 출발할까?

우리가 하는 일들을 한마디로 정리하면, '내가 누구인가?' 하는 철학적인 물음을 결과물로 표현하는 것이다. 이는 한순간에 이뤄지는 결과물이 아니라, 평생을 두고 조금씩 이뤄지는 것이다.

이 질문에 대한 대답을 외형적으로 표현한 것의 예로, 엔지니어는 살아가는 목적을 기술 개발의 형태로 표현하고, 마케터는 사람들을 이롭게 하겠다는 삶에 대한 대답을 새로운 제품의 마케팅전략으로 펼치게 된다. 또한 제품을 디자인하는 디자이너는 이런 물음과 대답을 기초로 하여 새로운 콘셉트로 새 제품을 디자인한다.

'내가 누구인가?'라는 질문에 답을 하는 과정에서 도움이 되는 것은 철학자들의 이야기이다. 그들의 이야기는 우리에게 일을 하는 방법을 일깨워주기도 한다. 다양한 생각의 방식(way of thinking)들을 제시해주기 때문이다.

삶의 이런 과정들을 통해 결과적으로 우리가 얻게 되는 것은, 지금 이 시대는 어떻게 흘러가고 있는지, 내가 몸담고 있는 이 분야는 어떤 사고방식이 지배적인지 등에 대해 파악할 수 있다는 점이다.

최종적으로 이 책은 지금의 시대와 자신의 분야에 맞는 사고방식이 어떠해야 하는지를 생각하고, 끌어낼 수 있게 하는 것을 목표로 하고 있다.

2장

다른 방식 받아들이기

실제 농장의 닭

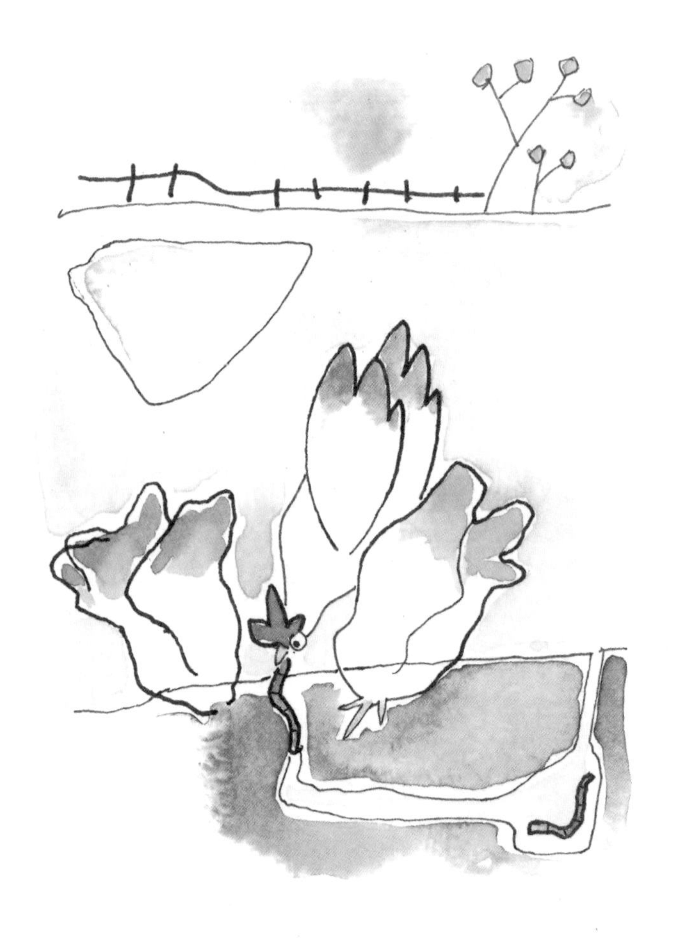

달걀 생산에는 여러 요소가 필요하다

이 이야기는 달걀의 생산량을 늘리는 과정을 설명하기 쉽도록, 닭이 살아가는 환경을 아주 단순하게 만들었다.

실제로 농장을 찾아가보면, 닭은 사료도 먹고 지렁이도 찾아서 먹고 또 물도 마신다. 그래서 달걀을 더 낳도록 하기 위해서는, 실제로 고려해야할 요소들이 훨씬 더 많다. 현실에서는 위와 같은 실험보다 더욱 복잡한 상황이 연출된다는 말이다.

그렇다고 해서, 닭을 둘러싼 모든 요소들이 달걀을 더 낳게 하는 데에 큰 영향을 주는 것은 또 아니다. 그래서 닭을 편하게 키우고, 달걀의 생산량을 늘리는 데에 꼭 필요한 주요 요소들로 단순화하여 정리할 필요가 있다.

그러나 여기서는 달걀의 생산량을 늘리는 과정에 대해 읽고 이해하기 쉽도록, 아주 단순한 요소[6]들로 계속 설명을 이어가도록 한다.

---

6 이 양계농장의 이야기를 통틀어, 특정 요소를 설명하는 고유한 접근을 방식이라고 한다.

두 가지 방식; 사료, 동물음악

두 가지 방식의 차이

"앞에서도 설명을 하였듯이[7], 달걀을 더 낳도록 하는 방법을 찾을 때에는 기술적인 기준을 먼저 세워야 한단다. 기술적인 기준을 정립하는 와중에 깊은 대화를 통해 서로의 방식의 차이를 알아야 해. 그래야만 다양한 방식들이 모여 어떤 메커니즘으로 기술적인 기준과 달걀의 생산량 증대라는 최종 목표에 영향을 주는지를 이해할 수 있기 때문이다."

농장 주인은 사료와 동물음악 과목의 수업 방식의 차이를 동시에 알 필요가 있다고 말하였다. 그는 두 수업방식의 차이를 설명하기 시작했다.

"동물음악의 수업 방식은, 동물음악이 닭에게 어떤 영향을 주어 달걀을 더 낳게 하는가를 전반적으로 다루었단다. 그러고 나서, 닭이 편안함을 느끼고 알을 더 낳게 하는 새로운 음악을 찾아 나섰지. 덕분에 수업량이 방대했단다.[8]

그러나, 사료 수업은 그것과는 전혀 달랐단다. 그 과목은 어떤 특

---

7 앞장의 '기술적인 기준부터 찾아라'의 내용이다.

8 두 방식의 차이에 대한 자세한 설명은, 이 책의 마무리인 '과연 두 방식은 다른 것인가'에 있다.

정 물질이 들어간 사료를 닭에게 먹였을 때, 깃털에 윤이 나는가, 또는 그렇지 않은가를 확인하는 수업 방식이었단다. 깃털에 윤이 나면 살이 찌는지를 확인했지. 이렇게 닭에게서 나타나는 다양한 생물학적 반응의 상태들을 차례차례 점검해 나갔단다. 특정 물질의 사료가 달걀을 더 낳게 하는가는 나중에 확인을 하는 방식이었단다."

받아들이기

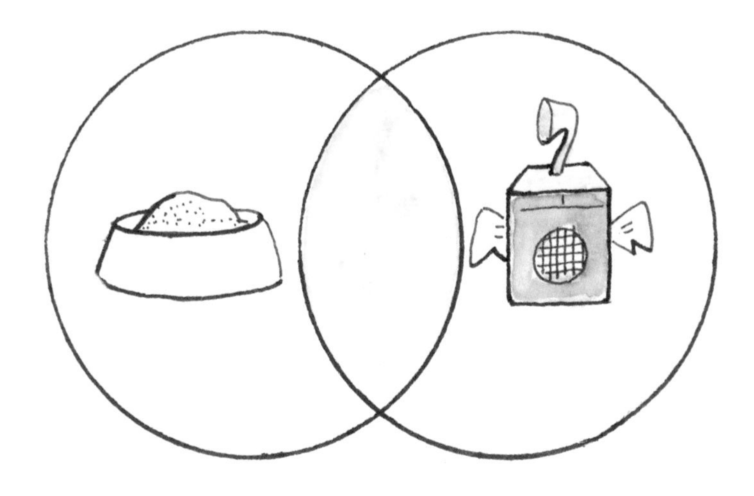

다른 방식으로 내 방식을 보다

"무엇을 받아들인다는 것은 말보다는 실천의 영역이란다. 왜냐하면, 머리로 얻은 지식을 통해 결과를 실현해 낼 때, 진정으로 다른 방식을 받아들였다고 할 수 있기 때문이지.

이것은 상대의 방식으로 내 방식을 바라본다는 의미이기도 해. 한 발짝 더 나아가, 내 방식을 새롭게 정리한다는 뜻이기도 하단다."

두 아들은 귀로는 알아들었지만, 그 의미가 마음에 선뜻 와닿지는 않았다.

"내가 두 과목의 차이를 받아들인 과정을 알려주마. 나는 두 전공을 공부하는 동안, 이 두 과목을 수강하면서 수업방식이 다르다는 것에 별로 신경을 쓰지 않았단다. 동물음악은 전체를 알게 하니 당장은 공부할 양이 많더라도 나중에는 공부하기가 훨씬 수월했지. 사료수업은 특정성분의 사료가 털의 윤기를 달라지게 한다는 사실에 흥미가 생겼었어."

그리고, 농장 주인은 말하였다.

"나와 다른 방식을 받아들이는 태도에는 두 가지가 필요하단다. 그건 바로 '치열함과 문턱을 낮추는 자세' 란다.

치열함은 자신의 방식을 공부할 때에도 중요하지만, 나와는 다른 방식을 공부할 때에는 꼭 필요한 태도란다. 그리고, 문턱을 낮추는 자세는 그야말로 자신의 배움의 세계를 여는 것이란다."

농장 주인은 두 아들이 이 말을 마음 깊이 새기기를 간절히 바라며 힘주어 말했다.

국어도, 물리도 다르다

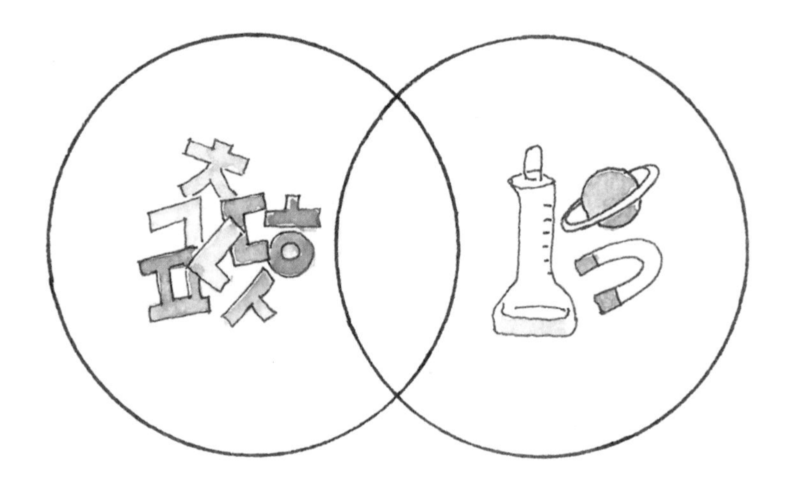

국어와 물리

농장 주인은 고등학교 때 배웠던 국어와 물리의 수업방식을 더하여 설명했다. 이 과목들이 대학 때의 사료 수업과 동물음악 수업과도 어떻게 연결이 되는지도 설명하였다.

"국어를 가르치는 방식은 사료수업과 유사하다고 할 수 있단다. 특정 사료 성분이 달걀을 더 낳게 하는 사료로 확인하기까지는, 내가 주장하려는 바가 생겼을 때 이를 논리적으로 풀어가는 국어의 방식과 유사하다고 본다.

반면에 물리 수업은, 달걀을 더 낳게 하는 원인을 전체적으로 파악하게 한 후, 달걀을 더 낳게 하는 새로운 음악을 찾는 동물음악의 수업방식과 닮아있다고 본다. 새로운 동물음악을 찾는 과정이 어떤 틀의 너머에 있는 것을 짚어내는 방식이기 때문이지.

나와 다른 방식을 받아들였다면, 사료와 동물음악이 달걀을 낳는 과정에 어떤 영향을 주는지 파악하고, 달걀의 생산량을 늘리기 위해 사료의 종류와 양을 정하고, 동물음악의 종류를 정하여 조합하는 단계로 넘어가게 된단다."

농장의 비즈니스, 기준을 세우다

건강한 닭을 기준으로 삼게 되다

농장 주인은 달걀의 생산량을 극대화하기 위한 노력들을 하다가 실패한 경험을 이야기하였다.

"농장 일을 시작하던 때에는 실수가 많았단다. 그때는 학교 수업에서 배운 사료와 동물음악의 지식을 바로 농장 일에 적용하곤 했었지. 덜 익은 지식으로 일을 하던 때였으니까.

그런데, 이런저런 노력을 하던 어느 날, 나는 닭이 가장 알을 많이 낳는 사료성분을 찾게 되었단다. 얼마 지나지 않아, 달걀을 가장 많이 낳는 동물음악도 골랐단다. 그때 나는 달걀을 가장 많이 낳는 두 조건을 합치기로 했지. 그러나 지나고 보니 그다지 바람직한 결정은 아니었단다.

다행히 닭들은 살았지만, 그와 같은 사료와 동물음악의 조합이 나의 닭들에게는 맞지 않다는 것을 간과했어. 닭털은 푸석푸석해졌고 움직임도 굼뜬 채, 달걀을 거의 낳지 않게 되었단다. 그건 바로 닭의 건강이 위협을 받고 있다는 증거였지.

나는 그 뒤로 굳게 결심을 하였단다. 닭이 달걀을 한 개 낳건, 두 개 낳건 먼저 닭을 건강하게 키우자고 결심한 것이란다."

농장 주인은 욕심을 부리다가 얻은 귀중한 경험을 통해, 양계농장을 운영하는 기준이자 진정한 목표를 세우게 된 경험을 이야기하였다.

"이것은 시장의 달걀소비자들이 원하는 기준이기도 하단다. 당연하게도, 건강한 닭이 보이는 털의 윤기나 모이 활동 정도, 또는 다른 생물학적인 측면들이 기술적인 기준이 되는 것이다.

그리고, 건강한 닭에게서 달걀을 얻는 것을 우리 양계농장의 진정한 목표로 삼았더니 몸은 고됐지만, 마음은 점점 편안해지더구나."

농장주인은 이야기를 맺었다.

디딤돌 2

일에는 기준이 있다

무슨 일을 하든 우리가 만족시켜야 할 일의 기준이 있게 마련이다. 일을 하면서 그 기준을 맞추어야 다음 단계로 넘어가게 되고, 마침내 결과물을 얻게 된다.

이 양계농장의 이야기는 건강한 닭을 키운다는 기준이 있다. 그리고 건강한 닭에게서 보이는 깃털의 상태와 같은 기술적인 기준도 있다.

일의 기준은 제품이나 서비스마다 다르다. 만약, 우리가 스마트폰을 만든다고 가정을 해 보자. 스마트폰을 만드는 데에는 크게 세 가지 기준이 공존한다고 볼 수 있다. 외형적으로 소비자의 마음을 훔치는 디자인 기준이 있고, 그 안에서 작동하는 부품들을 원활히 동작하게 하는 기술적인 기준이 있다.

스마트폰을 만들어가면서 이 두 기준을 만족시키다 보면, 최종적으로 소비자들로부터 환호를 얻을 수 있게 된다. 즉, 비즈니스 기준을 만족시킨 것이다.

3장

지식과 함께 진화하다

지식이 진화되도록 준비하다

지식은 다듬어진다

인간의 삶을 가만히 들여다보면 지식과 함께 살아감을 알 수 있다. 우리가 습득한 지식이 진화를 거듭하면서 삶도 진화하는 모습을 보여주게 된다. 이 이야기 속의 농장 주인도 두 아들들에게 달걀의 생산량을 늘리는 실험을 통해 지식의 진화 과정을 알려주려던 의도도 있었다.

농장 주인은 말을 이었다.

"우리가 사료와 동물음악에 대해서 배운 것은 지식이라 할 수 있다. 그런데, 우리가 배운 지식은 상황에 맞게 다듬어져야 한단다. 그런데 여기서, 왜 '지식은 다듬어진다.'라는 표현을 쓰게 되었는지 알려주려고 한다."

그러면서, 이와 관련한 사람들의 이야기를 꺼냈다.

"고대 플라톤이라는 철학자는, 꽃의 이상적인 아름다움을 생각했단다. 사람이 아름다움을 만들어서 꽃에게 입히면, 장미나 코스모스나 아름다워 보인다는 것이다. 꽃의 아름다움 자체를 획일적이라고 본 것이지.

그러나, 플라톤의 제자인 아리스토텔레스는 다르게 생각했단다. 즉, 아름다움이 꽃마다 다르다고 보았지.[9] 장미도, 코스모스도 씨앗부터 다른 아름다움을 가지고 태어난 후에, 시간이 지나면서 환경에 맞게 변모해간다고 본 것이다."

"여기서, 꽃의 아름다움도 지식이라 할 수 있단다. 왜냐하면, 꽃을 보고 느끼는 감정도 지식이기 때문이다. 그러나 꽃에 대한 느낌은 꽃의 상태에 따라 저절로 변모해간다고 할 수 있다. 이것이 지식이 상황에 따라 진화하는 것을 설명하는 대목이란다. 각자의 개성을 가지고 태어난 인간의 삶이 시간이 지남에 따라 진화해간다는 이야기이기도 하지.

관건은 우리가 의도적으로 지식을 습득할 때에 있단다. 자신이 좋아하는 강의를 고르고, 좋은 책을 읽는 것은 능동적인 움직임이다. 그렇지만, 이 지식들이 상황에 적합한 지식으로 변모해 가는 것은 수동적이라고 생각을 한단다. 시간이 흐르면서 이리저리 맞추어져 상황에 맞는 지식으로 떠오른다는 것이다.

---

9 플라톤의 이야기와는 달리 아리스토텔레스의 이야기에서 인간의 삶의 면모를 들여다볼 수 있다. 인간의 삶은 각자 개성을 가지고 태어나며, 그 개성대로 아름답게 꾸며갈 수 있다는 것이다.

그래서, 우리가 할 수 있는 일은 좋은 자료를 찾고, 좋은 강의를 듣는 것뿐이라고 생각을 한단다. 그리고 좋은 아이디어가 떠오를 때까지 기다리는 것도 잊어선 안 되고."

농장주인의 말은 지식을 다루는 일에 있어 준비는 능동적으로 하지만, 그 결과는 기다림으로 이루어진다는 것을 알려주려는 것이었다.

지식 진화의 두 가지 측면

‘지식이 다듬어진다….’ 두 일꾼은 이 말을 곱씹었다. 농장주인은 이윽고 강의하듯이 말을 이어갔다.

“그렇다면 지식이 다듬어진다는 말속에는 구체적으로 어떤 의미가 있을까?

나는 지식이 다듬어지는 과정 안에서, 한 개인의 과학적 사고와 감성적인 사고를 훈련하게 된다고 본다. 닭이 힘이 없어 보이고, 그래서 측은한 생각이 든다면, 자신의 감성이 내면으로부터 분출되기 시작했다는 신호라고 볼 수 있지.

과학적인 사고를 위한 훈련과정은 우리가 달걀을 더 낳게 하는 방법을 찾을 때 이미 충분히 살펴보았다고 생각한단다.”

농장 주인은 지식의 진화에는 감성적인 측면과 과학적인 측면을 포함하게 된다고 말하고 있고, 이 양계농장의 이야기에서는 과학적인 측면에 치중하여 그 설명을 이어오고 있다.

내 지식만으로는 완전해질 수 없지

농장주인은 이어서 지식을 학교에서 배울 때와 현실과 마주할 때의 차이점을 말하였다.

“거기다가, 농장 일을 위한 지식의 습득과 학교 시험을 준비하기 위한 지식의 습득은 성격이 많이 다르단다. 학교 시험에서는 많은 지식을 되도록 빠짐없이 아는 것이 중요하지만, 농장일은 아주 작은 지식이라도 다듬어지고 정제된 지식이라서, 실제로 닭의 생육에 큰 영향을 줄 수 있단다. 그래서 아무리 사소해 보이는 지식이라도 허투루 생각할 수 없지.

그리고, 농장 일은 한 사람이 모든 일을 다 할 수는 없단다. 닭들을 돌보는 일과 농장 시설을 관리하는 일, 또 낳은 달걀들을 유통하는 일은 농장 규모가 커질수록 가짓수가 많아진단다. 그래서 서로 지식적으로 보완이 필요하고 외형적인 협동도 필요하단다.”

농장주인은 이 말을 끝으로 다른 닭들을 돌보러 자리를 떴다. 그리고 오늘 오후는 둘 다 좀 쉬라는 말도 덧붙였다.

이제야 마음을 놓다

"휴…."

두 일꾼은 농장주인의 설명을 듣는 중에 손에서 계속 땀이 났다. 바로 이해하기는 쉽지 않은 내용들이었지만 놓치고 싶지는 않았기 때문이다. 그래서 보고 들은 내용들을 기록으로 정리해두고 그 의미들을 천천히 음미해보기로 하였다.

그리고는 두 사람은 멀리 경치를 바라보았다. 오늘 오후에는 차를 몰고 시내로 나가 왁자한 분위기를 기꺼이 한번 느껴보기로 했다!

디딤돌 3

자료 조사가 먼저다

이 장은 지식의 진화가 일어나는 것이 무잇을 의미하는가에 대해 알려주고 있다. 그러나 우리에게는 실질적으로 해야 할 일이 남았다. 바로, 지식의 진화가 일어나도록 무엇인가를 찾아서 읽어야 한다. 바로 '자료조사'이다.

그러나 자료조사도 무작위로 해서는 안 된다. 우리가 목표를 달성하기 위해서는 일 안에서 우리가 조정해야만 하는 일의 요소를 찾아야 하기 때문이다.
내가 해 왔던 자료조사의 과정은 다음과 같다.

특정 사건이 발생한 후에 시간이 흘러가면서 그것이 어떻게 변모해갔는가를 조사한다. 스마트폰 모델을 기획한다고 하면, 스마트폰이 시장에 나타난 시점부터 현재 시점까지 대표적인 모델들을 모두 조사한다.

그리고, 특정 사건이 폭발적으로 전개된 지점의 배경을 집중적으로 조사한다. 이것을 조사하는 것이 미래의 사건이 어떻게 전개될 것인가를 예측하는 데에 결정적으로 도움이 된다. 스마트폰의 경우를 예로 든다면, 많이 생산되고 팔리게 된 시점의 배경을 넓고 깊게 조사한다.

그리고, 어떤 사건이 과거에 벌어져서 널리 유행하여 현재에도 벌어지고 있다면, 현재의 시점에서 다양한 장소에서 벌어지는 일들을 조사한다. 스마트폰의 경우, 현재 스마트폰 회사별로 어떤 기종이 시장에 인기를 끌고 있는가를 조사한다.

자료조사를 통해 생각을 정리한 후에 할 일은 특정 사건이 미래에 어떤 식으로 펼쳐질 것인가를 예측하는 일이다. 이 일은, 특정 사건이 폭발적으로 전개된 배경과 현재 장소별로 벌어지는 일들을 조합할 때 이뤄낼 수 있다. 스마트폰의 차기 모델을 예측하는 일은, 과거에 스마트폰이 폭발적으로 유행하기 시작한 배경과 현재 회사마다 생산하고 판매하는 기종을 조사한 결과를 조합할 때 이루어진다. 이 과정에서 이 책을 통해 길게 설명하고 있는 지식의 진화가 일어난다.

과연 두 방식은 다른 것인가

이 양계농장의 이야기는 기본적으로 두 일꾼이 서로의 고유한 방식을 모르고 서로에게 접근한다. 그래서 농장 주인은 서로 납득할 수 있는 기준부터 마련하자고 이야기하고 있다.

그 기준은 궁극적인 목표가 될 수도 있고, 일을 처리하는 기준이 될 수도 있다. 이 기준을 공유하면, 방식이 달라 보이더라도 대화의 테이블에 앉아서 서로를 바라보고, 결과적으로 일의 생산성을 향상시키는 방법을 찾을 수 있다.

여기서 본격적으로, 일꾼들이 갖고 있던 각자의 접근 방식이 어떻게 다른가 하는 것을 알아보자. 왜냐하면, 아직도 산업현장에서는 접근 방식의 이질성 때문에 구성원들 간의 적지 않은 충돌을 유발하고 있기 때문이다. 그래서 본문에서 다루지 않은 방식의 이질성을 보다 자세히 다루고자 한다.

일꾼 1이 공부했던 사료 수업의 방식은 새로운 부분이 그 역할이 확대되어 전체를 그려나가는 방식이다. 이런 방식의 응용은 생활도구에 필요한 새로운 소재를 찾거나, 특정 단체의 효율성을 끌어올릴 새로운 인물을 찾는 데에 유용하다.

일꾼 2가 공부한 동물음악 수업과 같은 방식은 전체를 먼저 그려나간다. 이에 해당하는 분야가 기계나 반도체 부품과 같은 시스템을 구현하는 쪽이다. 시스템 향상을 위해 일반적으로 거치는 과정은, 기존의 전체 시스템을 먼저 파악하고 나서 새로운 기능의 부분적인 요소를 찾는다. 그 새로운 요소를 기존의 시스템에 도입하여 전체 시스템 향상[10]을 이끌어낸다.

---

10 시스템의 효율을 높인다는 말은, 정해진 시간 안에 가치의 흐름을 증가시킨다는 말과 일맥상통한다. 이는 특정 반도체에서 전자의 흐름을 향상시키는 것, 본문에서 닭이 알을 더 낳게 하는 것과 같은 의미이다. 그러므로, 시스템의 효율을 높인다는 것은 가치의 흐름을 증가시키므로, 생산성을 향상한다는 말이 된다.

그러면, 반도체 부품의 시스템 향상 과정을 들여다봄으로, 양쪽의 방식이 어떻게 협업을 할 수 있을지 알아보자.

전체 시스템을 먼저 그리는 방식에서 가장 중요한 것은 간단한 시스템을 확보하는 일이다. 즉, 간단한 반도체 부품 구조를 직접 구현해 내는 일이 중요하다는 뜻이다. 이 과정에서, 반도체의 효율 향상에 영향을 주는 요소들이 어떤 것들이 있는지, 이 요소들이 어떻게 연결이 되어있는지 그 메커니즘을 알아낸다. 이 과정을 수행하려면 기술적인 기준을 먼저 파악해야 한다.

그다음 과정이, 간단한 구조의 반도체 부품의 효율을 향상시키는 것이다. 새로운 소재의 도입을 통해 효율을 향상시키고자 할 때, 기존의 시스템 구성요소들에 어떻게 영향을 주어 효율 향상을 이끌어낼지 예측을 해야 한다. 여기서도, 새로운 소재는 당연히 기술적인 기준에 준하여 골라야 한다.

마지막 단계에 할 일은, 간단한 반도체 부품 구조에 새로운 소재를 도입하여, 예측한 대로의 메커니즘을 끌어내고 시스템의 효율을 향상시킨다.

그런데 사람들은 왜 이 두 방식이 다르다고 생각할까?

사료 수업과같이 새로운 소재나 인물을 먼저 찾는 방식은, 소재가 새로운가에 주로 관심을 둔다. 그리고 그 소재들의 특성을 열거하는 일에 우선한다. 거기다가, 새로운 소재들로 인해 일어나는 결과들을 차례차례 알아감으로, 시스템 향상을 끌어내는 데는 시간이 오래 걸린다. 처음부터 기존 시스템이 어떻게 운용이 되는가를 알아보기보다, 새로운 소재를 통해 시스템 향상을 바로 끌어내려고 하다 보니, 시행착오를 겪는 일이 잦아진다. 이러한 이유로 시스템 향상을 끌어낼 확률이 상대적으로 떨어지게 되는 것이나.

반면에 전체 시스템을 먼저 공부하는 방식은, 기술적인 기준 파악과 기존 시스템의 요소들이 어떻게 연결되어 있는가에 치중하여 공부한다. 이미 기존의 큰 그림을 완성하는 일 자체가 방대하다 보니, 가능성 있는 새로운 소재를 찾는 일에 소홀할 수 있다. 특히, 시스템 향상을 위한 새로운 소재를 찾는 일은, 우연히 이루어지는 경우가 많다. 그러나 기존 시스템의 파악은 틀을 찾는 일이라서, 새로운 소재의 발굴과 같은 우연히 이루어지는 일을 뒤로 미룰 가능성이 있다.

그래서, 일의 출발지점에 있다면, 당장은 서로 접근방식이 다른 것처럼 보인다는 것이다. 그러나 결론은, 현장의 이질성을 대표적으로 드러내는 두 방식은 서로 다른 방식이 아니라는 것이다. 새로운 부분을 먼저 찾는 방식은 최종적으로는 전체 시스템이라는 큰 그림을 그리게 되고, 전체적인 그림을 먼저 그리는 방식도 결국에는 시스템 향상을 위해 새로운 소재를 찾아 나선다.

두 방식의 차이에 관한 이 결론은, 학문적인 구분이 현상을 다르게 관찰하게 하는가, 결론적으로 시스템에 필요한 요소와 메커니즘을 다르게 드러내는가에 대한 답이 되기도 한다. 즉, 물리학을 전공한 팀원이 바라본[11] 시스템과 경영학을 전공한 팀원이 바라본 시스템이 다른가하는 질문에 대한 대답이 된다는 것이다.
물리학의 관찰 방식은 큰 그림을 먼저 그린다. 그리고, 그 안에서 벌어지는 새로운 현상을 찾아간다. 그 과정에서 현상의 장벽 너머

---

11 현상을 바라보는 방식이 곧 현상의 본질이 된다. 이 말은, 내가 물리학을 전공했다면 물리학의 방식으로 현상을 관찰하고, 물리학의 도구로 관찰한 결과를 표현한다는 뜻이다. 더 간단히 이야기하자면, 내가 일을 하는 방식이 불완전하기는 하지만, 내가 하는 일을 그대로 드러낸다는 뜻이기도 하다. 그러나, 현상을 바라보는 방식의 차이는 중요하지 않다. 둘 중에 어떤 방식을 택하더라도 그 방식이 본질적인 측면에 가닿으면, 다른 방식이 관찰한 본질과 달리 표현되지 않는다는 것이다.

에 있는 본질적 힌트를 찾기 위해 직관을 많이 동원한다. 본문의 이야기에서 동물음악 수업과 맥락이 닿아있다.

그러나, 경영학은 주로 우리의 시스템과 관련된 새로운 부분을 먼저 찾은 후에, 전체 목표를 논리적으로 차근차근 확인해나가는 방식이다. 본문의 이야기 속의 사료 수업과 맥락이 닿아있다.

결국 이 양계농장 이야기는 학문에 따라 현상을 관찰하는 방식[12]이 다르지 않다는 것을 이야기한다. 즉, 두 접근방식 모두 시스템의 메커니즘과 필요한 요소들을 파악하여, 시스템을 향상시키는 목적지에 다다른다는 것이다. 그래서, 두 방식은 일의 기획 단계부터 협업이 이루어져야 하는 당위성이 확보되는 셈이다.

---

12 양계농장 이야기는 근본적으로 아리스토텔레스의 학제적인 접근 방법(inter-isciplinary approach)에서 출발한다. 아리스토텔레스의 이야기 속에는 현상의 본질적인 측면을 들여다볼 때, 여러 측면을 들여다볼 필요가 있다고 전제한다. 그리고 두 번째 전제는 현상을 들여다보는 시선들에는 각 학문의 고유한 발달 방식이 들어있다, 그래서 시선의 차이가 있을 수 있다는 것이다. 그러나, 이 책은 현상을 바라보는 대표적인 두 방식은 같은 결론에 다다른다고 이야기하고 있다.

생산성을 향상하는 일; 모델링

여기서부터는 책의 처음부터 계속해오던 현상의 본질적인 측면을 파악하고 생산성을 향상하는 과정을 좀 더 체계적으로 들여다볼 것이다. 왜냐하면, 이 과정은 산업의 현장에서나 학문의 여러 분야들마다 유용하게 활용되기 때문이다.

모델링이란?

'이 비즈니스는 과연 돈을 벌게 될까?'는 해당 비즈니스에 관한 본질적인 물음이다. '이 기후조건에서 과연 비가 올까?'는 주어진 상황에서 날씨 예측에 관한 본질적인 물음이 된다. 이와 같이 현상의 본질적인 측면을 알고 앞으로 진행될 상황을 예측하는 것이 모델링이다. 한 단계 더 나아가, 예측에서 비즈니스의 수익을 얻는 것과 같은 결과를 내는 활동까지 포함하여 모델링이라고 한다.

모델링의 예들

모델링은 연구나 비즈니스의 분야에서 모두 쓰인다. LED 공장의 품질관리부서로부터 LED의 밝기가 일정하게 관리가 되도록, LED 빛이 나오는 과정을 완전하게 규명하여 달라는 요청을 받았다고 하자. 개발부서의 엔지니어는 LED가 빛을 내는 한 측면만을 파고드는 것이 아닌, 빛을 내는 전 과정을 공부한다. 빛을 내는 근원적인 현상을 알기 위해 물리학의 양자역학부터, LED의 설계를 위한 전자공학적인 지식, 그리고 생산을 하다가 생기는 오차범위까지 공부한다.

이 과정을 통해, LED가 빛을 내는 과정을 전체적으로 구현해 낸다면, 이것이 연구의 모델링의 한 예가 된다. 그 파급효과는, 품질관리부서와 생산부서, 심지어 새로운 사양의 LED를 설계하는 일까지 LED에 관한 이 모델링을 사용할 수 있다.

비즈니스 모델링의 경우는, 기업가가 집중해야 할 시장을 정하고, 기업 내부적인 자원들을 운용하여 수익을 올리기 위한 서비스나 제품을 만들고, 마케팅과 영업활동을 통해 성과를 올리는 것이다.

모델링의 과정

모델링은 연구 활동이나 비즈니스 수익 창출 활동을 포함하여 여러 분야에서 쓰이는 유용하고 강력한 도구이다. 여기서, 모델링의 과정을 좀 더 자세히 들여다보도록 하자.

모델링의 과정은 먼저 본질을 드러내고 생산성을 향상하고자 하는 일의 범위를 단순하게 설정한다. 이 책의 이야기에서는 닭 한 마리를 다루는 농장으로 일의 범위를 제한하였다. 그리고 일의 전체 목표로는 달걀을 더 낳게 하겠다는 것으로 정했다. 이 전체 목표는 닭을 건강하게 키운다는 비즈니스의 기준에 맞추도록 하고, 동시에 건강한 닭의 생물학적인 상태(기술적인 기준)에도 맞추도록 하였다.

그리고 모델링의 과정에서 할 일은, 일의 범위 안에서 우리가 직접 움직일 수 있는 요소들과 그 이면에서 움직이는 간접적인 요소들을 구분하여 파악해야 한다. 왜냐하면, 모델링의 과정은 직접적인 요소들을 움직여 간접적인 요소들에 변화를 주어 마침내 생산성 향상이라는 결과를 얻어내기 때문이다.

가령, 특정 성분이 들어간 사료를 먹이고 닭의 근육이 성장했다면, 특정 사료는 우리가 직접 움직일 수 있는 요소이다. 그러나 특정 사료의 영향으로 생성되는 근육은 간접적인 요소이다. 그리고 특정 장르의 동물음악을 들려주었는데 닭의 모이 활동 정도가 바뀌었다면, 특정 동물음악은 직접적인 요소이고 모이 활동 정도는 간접적인 요소가 된다.

그러나, 직접적인 요소 하나가 간접적인 요소 하나에만 영향을 주는 이상적인 일은 거의 일어나지 않는다. 즉, 특정 사료는 닭의 근육에도 영향을 주고, 모이 활동 정도에도 영향을 준다. 또, 특정 장르의 동물음악도 모이 활동 정도뿐만 아니라 닭의 근육생성에도 영향을 준다. 물론, 특정 사료나 특정 동물음악의 조합도 각각의 경우와 같이 닭의 근육 및 모이 활동 정도에 영향을 준다.
설명한 바와 같이, 직접적인 요소들과 간접적인 요소들을 파악하는 과정에서, 직접적인 요소들이 어떻게 연결이 되어 간접적인 요소들에 영향을 주는지도 파악해야 한다. 그다음 과정은, 간접적인 요소들이 어떻게 달걀의 생산량 증대라는 전체 목표에 영향을 주는지를 알아내야 한다. 이 과정을 통해 해야 할 일은, 우리가 직접 움직일 수 있는 요소들로 닭이 건강해지고 알을 낳게 되는 단순한 메커니즘을 확보하는 일이다.

여기서, 모델링을 설계하는 사람들은, 직접적인 요소들과 간접적인 요소들을 파악하는 과정에서 생산성 향상이라는 전체 목표에 미미한 영향을 주는 요소들은 배제해야 한다. 이 과정을 통해 생산성 향상을 위해 우리가 직접 움직이는 요소들을 단순하게 줄일 수 있다.[13]

최종적으로 할 일은, 직접적인 요소들을 조합하여 방법을 찾고, 간접적인 요소들에 영향을 주어, 기술적인 기준에 맞추고 생산성 향상이라는 결과를 얻는 것이다. 즉, 특정 동물음악과 특정 성분이 든 사료의 조합을 통해, 닭의 상태를 건강하게 만들어주어 달걀의 생산량을 높이는 전체 목표를 달성해낸다.

---

13 그러나, 요소들의 파악이 복잡하다고 해서 무조건 단순화해서는 안 된다. 즉, 전체 목표에 큰 영향을 주는 요소는 그대로 고려하도록 한다.

모델링의 출발기준

모델링은 분야마다 출발기준이 다르게 적용이 된다.[14]

비즈니스 모델링의 경우는 그 출발기준이 '고객의 마음'이다. 고객의 마음은 고정이 된 상수가 아니기 때문에, 이를 만족시키기 위해서는 기업가가 가진 자원들을 조정하여 서비스 또는 제품이 잠재고객을 만족시키도록 해야 하는 것이다. 생산관리 부분의 공급체인 관리 모델링은, 생산라인의 생산자의 잠재욕구를 만족시키기 위해 자재물류의 종류와 양, 속도를 적절히 조절하는 것이다.

---

14 여기서의 모델링은 하나의 비즈니스 현상을 두고 한 팀 내에 다른 전공을 한 팀원들끼리 관찰 결과를 비교하는 것이 아닌, 공학자는 공학의 영역에서 기업가는 자신의 영역에서 모델링을 설정하는 것을 말한다.

그러나, 자연현상을 다루는 과학 기술적인 모델링은 변하지 않는 '자연의 법칙'을 출발기준으로 삼는다. 특정 반도체 디바이스를 설계할 때에는, 전자를 진공으로 떼어내는 데 드는 에너지가 기준이 된다. 이를 기준으로 다른 부분들을 잘 조절하면 효율이 높은 디바이스를 설계할 수 있다.[15]

모델링의 결정적인 역할

우리가 모델링을 통해 얻을 수 있는 가장 큰 유익은, '결과의 극대화'에 있다. 직접 조절 가능한 요소들 간의 세밀한 조정을 통해 전체 목표의 생산성을 최대로 끌어올릴 수 있다는 점이다. 양계농장의 이야기 중에서는, 특정 성분이 든 사료의 양을 더 세밀하게 조정함으로 달걀의 생산량을 더 늘린 것이다.

---

15 그런데, 모델링은 대체로 한 영역을 벗어나 두 영역 이상이 만나 이뤄지는 경우가 대부분이다. 이 양계농장의 이야기처럼, 건강한 닭이라는 비즈니스의 기준 속에, 건강한 닭이 가지는 털의 윤기나 모이 활동 정도를 기술적인 기준으로 삼는 것처럼 말이다.

모델링은 우리에게 단순히 더 큰 수익, 향상된 연구 결과만을 가져다주지는 않는다. 모델링은 우리에게 특정 현상의 메커니즘을 알려주어, 이를 기반으로 다른 상황에서도 대처해 나가도록 한다.

어느 회사의 새로운 개발상품에 대한 시장 상황의 모델링은, 시간이 지나면서 고객의 만족도가 바뀔지라도 회사의 가용자원을 바꾸면 대처가 가능하다. 이미 모델링을 통해 가용자원들이라는 부분들과 고객의 만족도라는 전체 목표 사이의 상관관계를 파악해 놓았기 때문이다.

연구의 분야에서도 마찬가지의 상황이 벌어진다. 단순히 하나의 요소를 움직여 하나의 결과를 끌어내는 연구방식이 아닌, 하나를 움직일 때 전체 목표가 어떻게 도출이 되는가에 대한 메커니즘을 확보하면, 새로운 요소를 투입할 때마다 그려지는 새로운 전체 목표를 알아낼 수 있다.

모델링의 파급효과

이렇듯, 모델링은 연구분야 및 기업의 마케팅 활동까지 인간의 사고 활동에 전반적으로 영향을 주게 된다.

결과적으로, 모델링은 같은 분야 내의 다른 사람들과 경쟁을 펼치기보다, 작든 크든 그 분야의 산업 생태계를 구축하도록 도와준다. 왜냐하면, 부분과 전체의 관계를 확보한다는 것은 기술의 표준을 만들어가는 과정이기 때문이다. 그리고 비즈니스에서도 여럿이 모여 경쟁만을 일삼는 방식이 아닌, 각자의 비즈니스 영역을 지키는 동시에 서로를 도우며 시장 상황에 대처할 수 있도록 한다.

이 시대는 왜 본질적 가치를 필요로 할까

1930년대에 전 세계는 대공황을 겪었었다. 그 여파로 세계는 제 2차 세계대전을 겪었다. 그리고 1960년대를 기점으로는 과학기술의 비약적인 발달에 힘입어 제조업이 급격히 발달하기 시작했다.

그러나, 1990년대의 중반에 들어서자 원천과학기술의 발달이 정체기를 맞기 시작했다. 특히 미국은 과학기술의 발달에 필요한 새로운 연구 방법들이 북유럽을 비롯한 여러 나라들로부터 모여드는 곳인데, 그럼에도 불구하고 새로운 기술의 도래에 정체기를 맞기 시작했다.

과학기술의 발달이 정체기를 맞는다는 것은, 사회적으로도 침체의 여파를 가져오지만 경제적으로도 직접적인 타격을 가져온다.

원천과학기술의 발달은 기업들로 하여금 새로운 시장을 열어, 패스트 팔로어들을 비롯한 여러 기업들이 그 속에서 살아갈 생태계를 조성해준다. 그러나 원천과학기술이 더디 발전함으로 프런티어 기업들의 도래가 줄어들고, 그 기업들이 떠받치고 있던 산업의 생태계들이 점점 압박을 받는 상황으로 돌입하고 있다.

그래서 자그마한 기술이나 서비스라도 시장이 필요로 하는 본질적인 가치로 구현해 낸다면, 자신의 분야에서 산업생태계를 보전할 수 있는 프런티어 기업으로 성장해 갈 수 있으리라고 본다. 이 책은 이런 시장 상황에 필요한 가치를 끌어내는 데에 도움을 줄 것이라고 본다.

그리고, 경기예측 전망은 어느 시대를 불문하고 밝은 전망은 잘 내놓지 않았다. 그러나 원천과학기술 발달의 더딤으로 미래의 경제지표가 단순히 어두울 것이라고만 예측을 해서는 안 된다. 왜냐하면, 변화는 항상 재편을 위한 준비상태로 있다가 흐름이 촉발점을 만날 될 때 급격하게 움직이기 때문이다.

그리고, 경기 흐름은 동시대를 살아가는 사람들이 이끌어내는 것이라기보다는, 그 흐름 위에 우리의 노력이 살짝 더해져서 이루어지는 이야기가 아닌가 하는 생각이다. 그래서 우리는 경제의 주체라기보다는, 대비하고 기다리는 객체의 입장이라 생각한다.

사람의 존재가치를 높이는 책

이 책은 인간 지식활동의 기본 목표인 생산성을 높이는 법을 이야기 형식으로 설명하고 있다. 또한 비즈니스의 본질적인 가치를 구현해 내는 과학적인 절차를 알려 주고 있다.

이 책에 의하면, 비즈니스의 본질적인 가치는 관찰된 시선들의 합에 의해 만들어진다. 그러나 처음부터 본질적 가치는 그 모습을 드러내지 않는다. 먼저 본질을 표현하기 위한 어떤 기준을 찾고, 이 사람의 시선과 저 사람의 시선이 기준과 무슨 관계를 이루는지 알아야 한다.

여러 시선들이 모여 본질을 파악하고자 할 때에는 내 입장을 벗어날 필요가 있다. 그럼으로 남의 입장을 제대로 볼 수 있다. 보다 객관적인 내가, 나와 다른 사람의 움직임을 봄으로 그려야 하는 그림을 그려갈 수 있다.

그려야 하는 그림을 그리게 한다는 의미에서, 이 책은 사람의 존재 가치가 낮아져가는 시대에 그 가치를 높이도록 돕는 책이 되길 바란다.

달걀의 생산량 늘리기

달걀의 생산량 실험에 동원이 된 닭

이 양계농장의 이야기는, 한 마리의 닭에게서 달걀을 하루에 한 개에서 두 개로, 생산량을 늘리고자 시도했던 내용을 담고 있다.

그러려면 먼저, 달걀의 생산에 영향을 주는 주요 요소들을 파악해야 한다. 그리고 달걀 생산과 관련하여 주요 요소들이 어떻게 연결이 되어 있는지도 알아내야 한다. 물론, 닭은 건강하게 키워야 하고, 그 상태에서 털의 윤기와 모이 활동 정도도 체크해야 한다.

이 책과는 달리, 실제 달걀의 생산성에 영향을 주는 주요 요소를 골라내는 일은 복잡하다. 그러나 우리는 생산성과 관련된 주요 요소들과 미미한 요소들을 구분해야 한다. 그렇게 할 수 없으면 닭을 열심히 키우고도 달걀의 생산량이 늘어나지 않기 때문이다.

달걀의 생산량을 늘리는 주요 요소들을 고르다가 가끔 실수를 하게 된다. 자신이 잘 이해하지 못하는 요소이면 배제를 할 수 있다는 것이다.

이를 극복하기 위해서는, 나와 다른 방식의 요소를 잘 이해 할 필요가 있다. 이것이 이 책이 이야기하는 핵심이다.

글을 맺으며

저자로써 독자들에게 부탁할 부분이 하나 있다. 이 책을 다 읽고, '잘 읽었다.'라고 끝맺거나 '좋았다.'라는 감상평만을 가진 상황에서 마무리하지 말았으면 한다는 것이다.

즉, 이 책을 읽고 내 지식의 내용이 부족하다면 내용을 더 채우고, 내용을 담을 구조가 부실하다면 구조를 좀 더 탄탄히 하는 일들을 했으면 한다. 그리고 내용과 구조를 결정하는 선택 기준이 모호하다면 그것을 갈고 닦는 일도 병행하길 바라는 마음이다.

저자로써 이 책을 쓴 것은, 높은 곳을 오르기 위한 하나의 방법이나 세상에 나를 알리기 위한 방법으로 소개한 것이 아니라, 경제적 흐름으로 볼 때 가장 힘든 상황을 살아가는 지금, 누군가에게는 하나의 생존의 도구로 쓰이길 바라는 마음에서 비롯되었음을 알아주길 바란다.

이 책이 비즈니스와 어떻게 연결이 될까

이 책은 전공이 다른 대학원을 세 군데, 생산하고 판매하는 제품이 다른 회사를 네 군데 다닌 개인적인 경험을 바탕으로 이야기하고 있다.

회사마다 업무를 위한 기본적인 사고방식이 달랐고, 이 다름의 근본은, 회사가 만들고 판매하는 제품이나 서비스에 따라 크게 방향지어짐을 알았다. 왜냐하면, 특정 회사에는 특정 제품을 만들고 판매하기 위해, 특정 전공을 한 사람들이 많았기 때문이다.

그래서, 책의 마무리 부분에서 그동안 회사를 다니면서 또 대학원을 다니면서 달랐던 일의 방식, 사고방식에 대한 현장에서의 경험을 이야기하고 싶다. 그리고 어느 한 사고방식에 의해 일을 풀어갔을 때 어떤 부분에서 부족함이 발생하였는지도 말할 것이다. 거기다, 개인적으로 이런 양단의 다른 방식을 극복한 과정도 말할 것이다.

독자들께서는 한 방식으로 치우침으로 생기는 문제와 그것을 극복하는 방법을 들여다봄으로, 이러한 상황을 자신의 생활에 대입해 보고 상황에 맞게 다듬음으로 자신이 원하는 목표달성에 적용해 볼 수 있기를 바란다.

그럼, 이제부터 개인적인 이야기를 시작하려 한다.

약 30여년 전에 재료공학을 공부하게 되었다. 재료공학은 물리학적인 해석을 기초로 하지만, 부분적인 것을 주로 다룬다. 그래서 내가 연구하고 개발하는 것이 큰 그림에서 어떻게 작동하는지를 알지 못했다.

재료공학과 학부를 졸업하고 같은 전공의 대학원을 졸업한 후에, 전자 부품회사에 들어갔다. 전자 부품의 생산은 이미 설계된 것을 바탕으로 이루어졌다. 그래서 전자공학이나 물리학을 전공한 사람들과는 달리, 특정 전자 부품이 전자기기라는 전체의 그림 속에서 어떻게 작동하는지에 대해서는 파악할 수 없었다. 내가 하던 연구나 개발의 범위는, 생산공정 조건을 바꿈으로 전자 부품의 생산수율이 어떻게 바뀌는지를 파악하는, 부분적인 것이었다.

기술을 개발함에 있어 보다 큰 그림을 그리는 것을 배우기 위해 다시 대학원으로 향했다. 정보통신공학 대학원이었다.(주로 LED를 연구했다.)

여기서, 나와는 다른 방식으로 일을 하는 새로운 세상이 열리는 것을 경험했다. 응용물리학의 진수를 보았다. 그리고 처음으로 전체적인 큰 틀을 보는 훈련을 머리가 아프도록 받았다. 그러나 이때까지도 대학원에서 한 공부는 이론으로 머릿속에만 머물러 있을 뿐이었다.

새로운 일하는 방식을 배웠으니, 현실의 문제를 풀기 위해 다시 현장으로 향했다. 친환경 코팅제를 개발하는 스타트업 기업이었다.

이 스타트업은 응용화학을 기반기술로 하였다. 그런데, 코팅제를 개발하면서 친환경 특성은 갖추게 되었지만, 다른 물리적 특성은 고려하지 않고 있었다. 재료적인 특성만 갖추면 된다고 고집한 결과, 끝내 거래처의 외면을 받았다.

이 스타트업은 사세 확장을 위해 새로운 코팅제의 개발에 성공했어야 했다. 한 가지 방식에 집착한 눈을 가진 사람이 개발을 주도 하였기 때문에, 그저 이것만 맞추면 된다는 식의 개발을 했다. 이로 인한 개발실패는 사세 확장의 실패로 이어졌다.

이미 몇 번의 힘에 부치는 경험들을 한 터라 한 회사에 정착하고 싶다는 생각이 강해졌다. 그러던 차에, 진공 장비를 개발하고 생산하는 회사로 자리를 옮겼다.

내가 개발하던 것은, 기체를 독특한 상태로 만들어 얇은 막을 만드는 진공 장비였다.

그런데, 이 회사의 연구소장은 목표를 잘못 설정하고 있었다. (목표를 잘못 잡았으니 일의 기준도 맞지 않았고, 그것을 맞추기 위한 일의 요소들을 제대로 고려하지 못하고 있었다.) 얇은 막을 잘 만드는 것이 중요한데, 기체의 독특한 상태를 더 중요시하였다.

연구소장은 자신의 전공 분야에 집요하게 집착을 했다. 대부분의 연구원들에게 기체의 독특한 상태를 분석하라는 요구를 한 것이다. 그래서 다양한 전공을 한 연구원들이 있었음에도 불구하고, 기체분석이라는 한 가지 일에만 몰렸다.(이 장비의 연구에는, 얇은 막을 주로 연구하는 사람, 기체의 독특한 상태를 주로 연구하는 사람 등 여러 면을 연구할 필요가 있었다.)

훌륭한 결과가 나올 리 만무했다. 다른 개발 프로젝트에서도 해야 할 일을 못하게 하니, 연구원들이 점점 떠나갔다.

기술개발 일을 하고 싶지 않아서, 경영 컨설팅 분야로 눈을 돌린 때가 있었다. 컨설팅회사에는 주로 경영학을 전공한 사람들이 많았다. 다니던 회사는 설립이 된 지 꽤 되었는데, 컨설팅 시장의 흐름을 잘 따라가지 못하는 것 같았다.

경영 컨설팅의 시장의 초창기에는, 고객사가 어떤 시장 상황에 처해있는지만 파악해줘도 충분히 만족할 수 있었다고 했다. 그러나 컨설팅시장도 변화해갔다. 즉, 고객사의 수익 구도를 향상시켜주지 않는 한, 컨설팅회사들도 존재하기 힘들어진 것이다.

이 컨설팅 회사가 왜 고객사의 수익구도를 향상시키는 기술을 가지지 못했는가에 대한 이유가 궁금했다. 그래서 그동안 만든 컨설팅 계획서들을 읽어보았다. 고객사의 목표는 설정되어 있는데, 그 회사의 시장상황을 제대로 파악하지 못한 것이 문제였다.

시장의 전반적인 상황을 고려했다기보다, 이 자원을 움직이면 수익이 저렇게 향상이 된다는 회사 상황의 단편적인 면만 보고 목표를 설정했다고 판단이 되었다.

고객사의 경영목표를 시장 상황에 맞도록 정하려면 다른 전공분야의 컨설턴트들도 필요하다고 생각했다. 경영학을 전공한 인원들로만 구성하기보다, 수학이나 물리학을 전공한 컨설턴트들을 같이 참여하게 했으면 어떨까하고 생각을 해보았었다. 수학이나 물리학은 학문의 특성상, 반드시 그려져야 하는 큰 그림 위에서 앞으로 나아가기 때문이다. 그래서 시장상황에 따른 목표도 반드시 이루어져야 할 일들 위에 설정했을 것이라고 보았다.

다시 기술개발의 분야로 돌아가고 싶어졌다. 이전의 코팅제를 개발하던 스타트업에서 느꼈던 부족함을 메꿀 겸, 응용화학을 가르치는 대학원으로 갔다. 주로, 부품이나 재료를 만드는 공정을 가르치는 대학원이었다.

대학 졸업 후, 몇 군데 회사들과 대학원을 거치면서 제대로 일하고 있다는 생각을 가지지 못했다. '이렇게 하면 안 되고, 저렇게 하면 된다.'라는 수준에서 일을 하고 있었던 것이다. 이 수준에서는 답을 찾지 못한다.

그러나, 나는 이 응용화학을 가르치는 대학원에서 그동안 공부해 온 것들이 모두 엮여서 결과를 내게 되었다.

그 이유를 정리하여 말하자면 다음과 같다.

응용화학을 가르치는 대학원에는 주로 화학의 연구방식을 많이 썼다. 즉, 새로운 물질을 세상에 끌어내기 위한 실험을 많이 했고, 물질을 만들어내서는 새롭다는 것을 증명하기 위한 실험 몇 가지를 했었다. 그러나 그것으로 전체적인 향상을 이끌어내는 것에 대해서는 크게 신경 쓰지 않았다.

나는 이미 정보통신대학원에서 전체적인 그림을 그리는 훈련이 되어있던 터라, 내가 새로운 물질을 찾아낸다면 어떻게 그것이 큰 그림을 향상시키는지 머릿속으로 미리 그려볼 수 있었다.

아주 단시간에 그것도 여러 방면으로 결과를 냈다. 그 결과는 같은 분야의 사람들에게 기준들을 제시할 만한 수준이 되었다.

위와 같은 성과들을 낼 수 있었던 이유는, 큰 그림을 그리는 훈련이 되어있었고, 동시에 새로운 물질을 찾아내는 일의 특성을 경험적으로 터득했기 때문이라고 생각한다.

마이 비즈니스

초판인쇄 2021년 11월 26일
초판발행 2021년 12월 3일

지은이 김동환
발행인 조용재
펴낸곳 도서출판 북퀘이크
마케팅 최관호 최문섭 신성웅
편집 황지혜
디자인 호기심고양이

주소 경기도 고양시 일산동구 백석2동 1301-2
넥스빌오피스텔 704호
전화 031-925-5366~7
팩스 031-925-5368
이메일 yongjae1110@naver.com
등록번호 제2018-000111호
등록 2018년 6월 27일

정가 16,800원

파본은 구입처나 본사에서 교환해드립니다.